GOLDMANN

Buch

Die Indianer betrachten das menschliche Leben als einen Kreis: Geburt – Tod – Wiedergeburt. Den magischen Kreis, der die ganze Welt in sich einschließt, nennen sie Medizinrad. Der Mensch tritt an einem bestimmten Ausgangspunkt, der von dem Mond oder Monat abhängt, in dem er geboren ist, in den Kreis ein. Ihm werden in dem Moment gewisse Kräfte, Fähigkeiten und Verantwortlichkeiten verliehen, die im Symbol eines bestimmten Tieres ihren Ausdruck finden. Verschiedene Ausgangspunkte werden von unterschiedlichen Elementeklans beeinflußt, die die Beziehung zu den Naturelementen bestimmen.

Zunächst einmal dient das Medizinrad dazu, sich selbst in all seinen vielfältigen Erscheinungsformen und Richtungen kennenzulernen. Vor allem gewinnt es als indianische Lebensweisheit Bedeutung, die besagt, daß der Mensch den Kreis so weit wie möglich umwandern muß, um die Lehren, Anforderungen, Stärken und Schwächen so vieler Positionen wie möglich zu erfahren. Jeder Standort birgt etwas Neues in sich, das das Leben bereichern und erweitern wird.

Autoren

Sun Bear ist ein Chippewa-Medizinmann und hat in der Nähe von Spokane, Washington, den Bären-Stamm begründet, der Indianer wie Nicht-Indianer als Mitglieder willkommen heißt. Er gibt nicht nur das Magazin »Many Smokes« heraus, sondern ist auch Dozent, Lehrer und Autor zweier Bücher, »At Home in the Wilderness« und »Buffalo Hearts«.

Wabun, seine Frau (geborene Marliese Ann James), erwarb den Magister der Wissenschaften an der Journalistenschule von Columbia; sie hat Artikel für Magazine wie Life, McCall's und New York geschrieben und ist Autorin des Buches »The People's Lawyers«.

Sun Bear & Wabun

Indianische Astrologie der Erde

22. Dezember – 19. Januar

Schneegans

Geboren unter dem Mond der Erderneuerung

Das Medizinrad

Goldmann Verlag

Aus dem Amerikanischen übertragen von Janet Woolverton
Illustrationen von Michael Keller

Made in Germany · 1/86 · 1. Auflage
Genehmigte Taschenbuchausgabe

Umschlaggestaltung: Design Team München
Umschlagillustration: Marion & Doris Arnemann, Hamburg
Satz: Filmsatz Schröter GmbH, München
Druck: Elsnerdruck, Berlin
Verlagsnummer: 10972
ST · Herstellung: Sebastian Strohmaier
ISBN 3-442-10972-8

Inhaltsverzeichnis

Vorwort 7
Eine Vision des Medizinrades 11
»Wir fordern euch auf, eure Augen und Ohren,
eure Gedanken und Herzen zu öffnen...« 13
Die Monde und die Totems 21

Mond der Erderneuerung 27

Die Kräfte der Himmelsrichtungen 41
Wie Büffel, Adler, Kojote und Bär begannen,
den Hütern des Geistes zu helfen 44
Waboose, Hüterin des Geistes aus dem Norden 48

Die Elementeklans 53
Wie die Schildkröte half, unser Land zu errichten . . . 57
Schildkrötenklan (Erde) 61
Frosch – Schildkröte (Wasser – Erde) 66
Schmetterling – Schildkröte (Luft – Erde) 70
Donnervogel – Schildkröte (Feuer – Erde) 72
Kombinationen von Mitgliedern gleicher Klans 74

Auf der Reise um das Medizinrad 77
Wie man ein Medizinrad baut 83

Danksagungen 91

Vorwort

Die Entstehung der Religionen und Lebensweisen der eingeborenen Bewohner sowohl der Vereinigten Staaten wie auch der meisten anderen Länder dieser Erde beruht, wie man feststellen kann, wenn man die Geschichte weit genug zurückverfolgt, auf persönlichen Visionen und der Kommunikation zwischen dem Individuum und dem Schöpfer, oder wie immer man diese Kraft auch bezeichnet hat.

Eine Vision kann einem Menschen auf viele verschiedene Weisen zuteil werden. Man kann einen Berg besteigen oder in ein Tal hinabgehen, um eine Vision zu erbitten. Manchmal wird es auch zahlreicher solcher Anläufe bedürfen, um die ersehnte Vision zu erlangen, wenn überhaupt. Manche Visionen sind in sich geschlossen und vollständig und verleihen der Person, die sie erhält, ein umfassendes Verständnis des Universums und ihres persönlichen Platzes in ihr. Andere Visionen teilen sich dem jeweiligen Empfänger in einzelnen unvollständigen Abschnitten mit, von denen keiner in sich geschlossen ist. Mit viel Geduld können schließlich genug Teilabschnitte gesammelt werden, um die Vision zu vervollständigen.

Man kann auch in seinen Träumen vollständige Visionen erhalten, die durchaus so beschaffen sein können, daß sie zu einem umfassenden Verstehen führen. Andere Menschen können ihre Visionen mit Hilfe einer Krankheit erlangen oder durch die Erfahrung von Tod und Wiedergeburt, ja selbst im ganz alltäglichen Ablauf ihres Lebens.

Wenn eine Vision dazu dienen soll, den Grundstein eines Lebens zu setzen, so können Heilige Lehrer mit Hilfe ihres umfangreichen Wissens bei der Deutung einer solchen Vision anderen hilfreich zur Seite stehen, wenn ihre Unterstützung benötigt wird. Sie alle wissen, daß man die Vision anderer achten muß. In unserer heutigen Zeit haben jedoch so viele Menschen längst vergessen, daß es möglich ist, Visionen zu haben, daß sie dazu neigen, diese als Museumsstück der Vergangenheit zu betrachten, das, obgleich es ein aufschlußreiches geschichtliches Schaustück ist, keinerlei Bedeutung für unser heutiges Leben hat.

Wir alle haben von Geburt an die Fähigkeit, zu träumen und Visionen zu haben, mit auf den Weg bekommen. Und dies ist es ja, was unser Menschsein gerade ausmacht – wir sind Lebewesen, die eine Vision haben und danach trachten können, diese auf der diesseitigen Ebene des Lebens zu verwirklichen. Und dies ist es, was uns zu Spiegelbildern der Kraft macht, die uns alle erschaffen hat.

Dieses Buch ist das Ergebnis einer Vision, die mir vor vielen Jahren zuteil wurde. In jener Vision erkannte ich, daß sich die Zeiten näherten, in denen es notwendig werden würde, daß wir alle zum Wohle der Mutter Erde und unserer eigenen Evolution als menschliche Lebewesen zu einem besseren und wahrhaftigeren Verständnis für die Erde zurückkehren. Ich erkannte, daß wir die unbedeutenden Ängste, die uns zerreißen, würden zurückstellen müssen, um wieder zu lernen, als aufrichtige Brüder und Schwestern in Liebe miteinander leben zu können. Ich erkannte, daß wir nach all jenen Menschen suchen müßten, die, egal welcher Rasse und Nationalität sie entstammen, demselben Herzenspfad folgen wie wir, um uns mit ihnen in Gruppen zusammenzuschließen, die stets daran denken, daß es unsere Bestimmung auf Erden ist, den Willen des Großen Geistes auszuführen und unserer Mutter, der Erde, zu dienen. Ich erkannte, daß es eben diese Gruppen sein konnten, die einen wesentlichen Einfluß auf die Reinigung der Erde, die jetzt bevorzustehen scheint, ausüben konnten.

Das ist der Teil meiner Haupt-Vision, die ich zu diesem Zeitpunkt mit anderen teilen kann. Ich habe, seit ich diese Vision erhalten habe, aufrichtig danach gestrebt, sie zu erfüllen – bis heute mit gutem Erfolg. Ich bin der Medizin-Häuptling des Bären-Stammes, einer Medizin-Gesellschaft vielfältiger Rassen, die auf jene Vision aufbaut. Wir haben mit unserer Arbeit und mit der Botschaft, die uns anvertraut worden ist, bereits viele Menschen erreichen können.

Unsere Botschaft kann in dem Satz »Geh in Harmonie mit Mutter Erde« zusammengefaßt werden. Dieser Satz spiegelt die geistige Einstellung meines Volkes wider – ein Volk, das daran glaubte, in Einklang mit allen Dingen um sich herum und in sich leben zu müssen. Sie glaubten ebenso wie wir, daß wir einen Punkt erreichen müssen, an dem wir das Einssein, die Einheit, die uns mit allen Dingen des Universums verbindet, wahrhaftig in uns verspüren und daß wir jene geistige Einheit in allen Bereichen unseres Seins widerspiegeln müssen.

Das Medizinrad eröffnete sich mir in einer Vision, die ich erst in jüngster Zeit erhielt und die in diesem Buch beschrieben wird. Nachdem ich diese Vision, die mich darin anleitete, wie ich das Medizinrad zu benutzen hatte, um anderen mein Wissen zu vermitteln, erhalten hatte, half mir Wabun, meine Frau und Medizin-Gehilfin, diese Lehren zu entwikkeln und niederzuschreiben. Ihr Wissen darum erhielt sie in jenen kleinen Visionen, die ich bereits beschrieben habe.

Als man uns darum bat, die Vision des Medizinrades in einem Buch festzuhalten, spürten wir, daß ein solches Buch vielen anderen helfen könnte, sich ihren Verwandten auf unserer gemeinsamen Mutter Erde wieder zu öffnen. Die Botschaft dieses Buches wurde uns durch den Großen Geist, durch die Beobachtung unserer Verwandten im Reich der Menschen, Tiere, Pflanzen und Mineralien sowie durch das Lesen der Beobachtungen anderer zuteil. Wir haben astrologische Schriften weder gelesen noch studiert, obgleich wir oftmals mit Menschen gesprochen haben, die solche Studien betreiben. Die Informationen in diesem Buch stimmen, soweit wir das beurteilen können, mit keiner Methodik der Selbsterkenntnis überein, die von einem spezifischen indianischen Stamm der USA praktiziert wurde. Es handelt sich um eine ganz neue Art und Weise, an der Reinigung und Heilung unserer Mutter Erde teilzunehmen, die uns zu diesem Zeitpunkt eröffnet wurde. Wir schreiben jegliche Ähnlichkeit zwischen den Lehren des Medizinrades und der Astrologie oder einer anderen Form der Selbsterkenntnis der Tatsache zu, daß alle Wahrheiten einem Ursprung entstammen.

Und so kam es, daß dieses Buch entstehen konnte. Laßt uns also unsere Herzen öffnen und diese Vision unserer heutigen Tage miteinander teilen. Wir alle teilen dieselbe Erdmutter, ungeachtet der Rasse und des Landes, dem wir entstammen, und so laßt uns den Weg der Liebe, des Friedens und der Harmonie neu beschreiten und die guten Pfade im Leben neu erschließen.

Sun Bear

Eine Vision des Medizinrades

Vor mir erhob sich der Gipfel einer Anhöhe, auf dem kein einziger Baum wuchs. Eine sanfte Brise strich über ihn hinweg und ließ das Präriegras leise erzittern. Dann erblickte ich einen Steinkreis, der mich an die Speichen eines Rades erinnerte. Dieser umschloß einen zweiten Kreis, der an das Zentrum des Rades angrenzte. Ich spürte instinktiv, daß dies der heilige Kreis, das heilige Rad meines Volkes war. In der Mitte des Radzentrums befand sich der Schädel eines Büffels, und tierähnliche Wesen stiegen aus allen vier Himmelsrichtungen aus Schluchten empor. Und während sie sich mir näherten, erkannte ich plötzlich, daß es sich um Menschen handelte, die als Tiere verkleidet waren. Sie bewegten sich auf den Kreis zu, und jede Gruppe trat mit dem Lauf der Sonne in ihn ein und schloß sich zu einem vollständigen Kreis zusammen, bevor sie sich auf ihren Plätzen innerhalb des Rades niederließen.

Als erstes begaben sich die Menschen in die Position des Nordens – des Winters, der Zeit von Rast und Ruhe für uns und Mutter Erde. Es ist der Platz, der die Zeitphase repräsentiert, in der weiße Haare wie Schnee auf unseren Häuptern wachsen und in der wir uns darauf vorbereiten, sowohl die Welten wie die äußerlichen Erscheinungsformen zu verändern. Dann folgten jene, die sich im Osten niederließen. Dies ist der Platz des Erwachens, die Stätte von Geburt und

Frühling, der Ort, der Geburt und Anfang der menschlichen Rasse symbolisiert. Ihnen folgten jene, die den Süden repräsentieren – Zeit des Sommers, Jahre der Fruchtbarkeit und des schnellen Wachstums. Und schließlich die Menschen, die sich in den Westen begaben – die Zeit des Herbstes, wenn wir die Ernte einbringen und das Wissen erlangt haben, das notwendig ist, um zu unserer inneren Mitte zu gelangen. Der Westen ist die Heimat des Westwindes, Vater aller Winde.

Alle Anwesenden trugen das Lied ihrer Jahreszeit, ihrer Mineralien, ihres Pflanzen- und Tier-Totems und Gesänge zur Heilung der Erdmutter vor. Einer von ihnen trat aus dem Kreis hervor und sprach: »Laßt die Medizin des heiligen Kreises sich behaupten. Laßt Menschen aus allen Winkeln der Erde sich im Kreis zusammenfinden und für die Heilung der Mutter Erde beten. Laßt die Heiligen Kreise des Medizinrades zurückkehren.«

In dieser Vision hatten sich Menschen aus allen Klans, aus allen Himmelsrichtungen und von allen Totems zusammengefunden – und aus ihren Herzen sprach Liebe und Friede.

»Wir fordern euch auf, eure Augen und Ohren, eure Gedanken und Herzen zu öffnen ...«

Dieses Buch möge dazu dienen, alle Menschen unserer Erdmutter und allen Dingen der Schöpfung, die uns umgeben, näherzubringen. Es ist dazu gedacht, uns diese weitreichende Beziehung zwischen allen Wesen und Dingen des Universums verständlich zu machen. Oftmals überkommt uns das Gefühl, daß irgend etwas Wesentliches in unserem Leben zu fehlen scheint. Wir verspüren ein Verlangen, der Natur und den natürlichen Kräften näher zu sein. Wir hoffen, daß dieses Buch euch helfen möge, euren Platz auf dem Medizinrad zu finden und euch in den Kräften wiederzuentdecken, die euch so lange verschlossen waren. Wir hoffen, daß ihr eine Verwandtschaft mit dem Universum entdecken werdet und damit begreifen lernt, warum diese Beziehung von den indianischen Völkern so hochgeschätzt wurde. Wenn ihr euch fähig erweist, mit allen Dingen des Universums zu verschmelzen, werdet ihr wahrhaftig ein Teil des Ganzen sein.

Das Wissen des Medizinrades wird in unserer heutigen Zeit dringend benötigt. Wir glauben, daß eine wachsende Menschlichkeit einhergehen muß mit einem besseren Verständnis unserer Umwelt. Gerade die Entfremdung des Menschen von seiner natürlichen Umwelt ist die Ursache vieler Krankheiten. Heute versuchen viele Menschen, ihr natürliches Gleichgewicht wiederherzustellen. Sie wenden sich im

Zuge einer umfassenden »Zurück aufs Land«-Bewegung wieder einer natürlichen Ernährung und Heilkunde zu. Selbst in unserer industrialisierten Gesellschaft verspüren Menschen wieder das Bedürfnis, das Gleichgewicht mit der Natur wiederherzustellen. In dieser Zeit der Besinnung bieten wir euch die Lehren des Medizinrades an.

Mit diesem Buch fordern wir euch auf, eure Vorurteile beiseite zu werfen und mit uns in eine magische Welt hineinzutauchen, in der alle Dinge mit euch verbunden sind und ihr mit ihnen. Diese magische Welt ist nichts anderes als die sehr reale und schöne Erde, auf der ihr alle und eure Verwandten, mit denen ihr diese Erde teilt, stets einhergeht.

Wir fordern euch auf, eure Augen und Ohren, eure Gedanken und Herzen zu öffnen und das Magische zu erkennen, das euch stets umgibt. In unserer heutigen Zeit neigt man dazu, die Erde als eine bloße Kulisse für das menschliche Tun und Treiben und Mineralien, Pflanzen und Tiere als bloße Diener der Menschheit zu betrachten. Längst haben wir vergessen, daß sie auch unsere Lehrer sein können; daß sie in uns eine Welt von Gedanken und Gefühlen erschließen können, gegen die sich das menschliche Herz schon viel zu lange verschlossen hat.

Wir haben vergessen, daß wir nicht alleine mit unserer menschlichen Familie in enger Verbindung stehen, sondern mit all unseren Verwandten auf dieser Erde. Wir haben vergessen, daß wir für sie ebensoviel Verantwortung zu tragen haben wie für unsere menschliche Familie. Wir halten uns selbst in der Enge von Menschenhand erschaffener, kleiner Welten gefangen.

Wir haben vergessen, wie man die Geschichten und Lieder, die die Winde mit sich tragen, hört. Wir haben vergessen, auf die Weisheit der Steine zu hören, die seit Urbeginn aller Zeiten ihren Platz auf dieser Erde haben. Wir haben vergessen, wie uns das Wasser zu erfrischen und zu erneuern vermag.

Wir haben vergessen, auf die Pflanzen zu hören, während sie uns darauf hinweisen, welche von ihnen wir verzehren sollen, um wohlauf zu bleiben. Wir haben die Fähigkeit verloren, den Tieren zu lauschen – während sie uns beständig ihr Wissen, ihr Lachen, ihre Liebe und Nahrung anbieten. Wir haben uns all diesen Verwandten verschlossen und fragen uns dennoch, warum uns so oft die Langeweile und Einsamkeit überfällt.

Das Medizinrad ist ein magischer Kreis, der die ganze Welt in sich einschließt. Während du ihn umwanderst, wirst du in ihm und außerhalb seiner Grenzen auf unzählige Wunder stoßen. Mit viel Beharrlichkeit wirst du sogar das Wunderbare erreichen können, dich selbst kennenzulernen: Wer du bist, über welches Wissen du verfügst, und was du in diesem Leben verwirklichen kannst.

Die indianischen Völker wußten um diesen magischen Kreis. Sie respektierten ihn und setzten ihn häufig in ihrem alltäglichen Lebensablauf ein, damit sie stets an das, was sie durch ihn gelernt hatten, erinnert wurden. Wenn sie ihre Unterkünfte errichteten, so waren diese oft kreisförmig angelegt, ob es sich nun um Tipis, Wigwams oder Hogans handelte. Wenn sie ihren Körper und Geist reinigen wollten, so taten sie dies im Kreis der Schwitzhütte, welcher den Schoß der Erdmutter symbolisierte, die sie nährte. Wenn sie sich zu Beratungen zusammenfanden, saßen sie in einem Kreis, der alle Anwesenden als Gleichberechtigte mit einer gleichberechtigten Stimme in sich einschloß.

Wenn sie zusammen Musik machten, dann auf einer runden Trommel, wenn sie tanzten, dann im Kreis. Das Schlagen der Trommel repräsentierte das Schlagen ihrer Herzen und des Herzens der Erdmutter. Sie reckten Arme und Beine gen Himmel, ließen diese wieder zur Erde fallen und zeichneten somit mit Hilfe ihrer Körper einen Kreis, der Himmel und Erde in sich einschloß.

Sie betrachteten das menschliche Leben als einen Kreis:

Geburt – Tod – Wiedergeburt. Sie wußten, wie sie die Kreise ihres eigenen Lebens anzuerkennen und zu feiern hatten, um in der Lage zu sein, mit den wechselnden Energien der verschiedenen Altersstufen fließen und sich verändern zu können. Sie wußten, daß sie, ähnlich den Jahreszeiten, verschiedene Seinsphasen zu durchwandern hatten, während der Kreislauf des Lebens und der Zeit um sie herum fortschritt. Sie wußten, daß eine Ablösung aus diesem Kreise hieße, den Lebensrhythmus zu verlieren und im inneren und äußeren Wachstum einzuhalten.

Der Kreis war ihnen so wichtig, so wesentlich für das Fortschreiten des Lebens in den notwendigen Bahnen, daß sie ihn in ihren Zeremonien und gesellschaftlichen Strukturen verewigten. Die Hügel der Hügelkulturen waren rund. Die Kalender der Azteken waren rund und die steinernen Medizinräder ebenso. So erinnerten sie sich in allen Dingen stets daran, daß die Erde und alle Wesen der Schöpfung Teil eines magischen Lebenskreises sind.

Um dir diesen Kreis ins Gedächtnis zurückrufen zu können, mußt du nur daran denken, daß du stets auf ihm wanderst. Du trittst an einem bestimmten Ausgangspunkt in den Kreis ein. Dieses Eintreten verleiht dir gewisse Kräfte, Fähigkeiten und Verantwortlichkeiten. Dein Ausgangspunkt wird von dem Mond oder Monat bestimmt, in dem du geboren bist. Verschiedene Ausgangspunkte werden von verschiedenen Elementeklans beeinflußt, welche das Element anzeigen, dem du angehörst. Dieser Klan hat nichts mit den verwandtschaftlichen Klans zu tun, wie sie in den meisten indianischen Stämmen existierten – sie wurden von dem Klan der Eltern bestimmt und konnten wiederum festsetzen, welche irdischen Pflichten und Verantwortlichkeiten man innehatte und in welche Familie oder welchen Klan man einheiraten konnte. Die Klans der Elemente hingegen bestimmen allein deine Beziehung zu den Naturelementen und sind wie alle anderen Punkte auf dem Medizinrad nicht

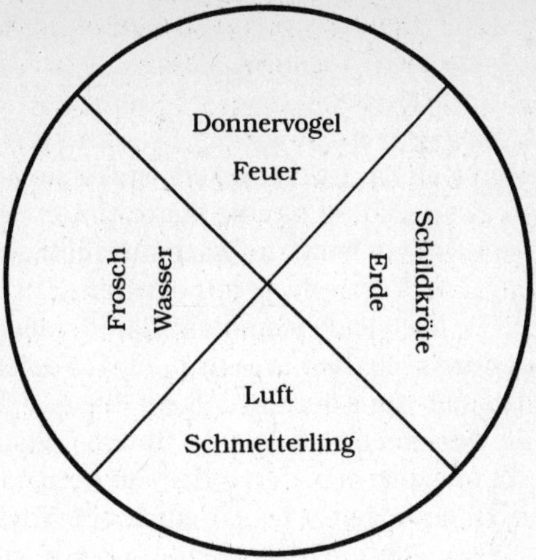

Das Medizinrad

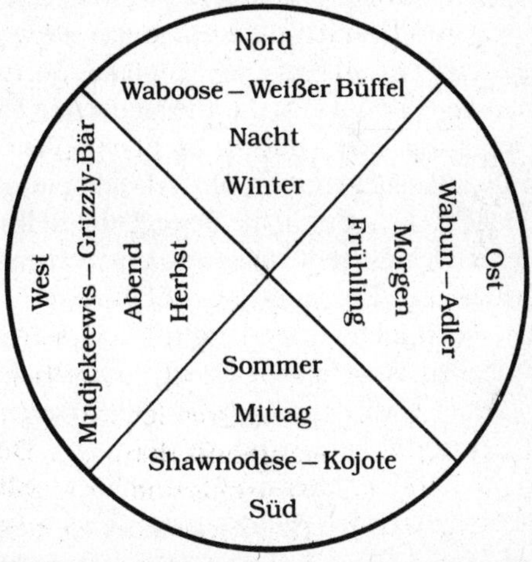

statisch. Die Ausgangspunkte werden auch von den geistigen Hütern ihrer Himmelsrichtung beeinflußt.

Es war in den alten Tagen wesentlich, sein Leben so zu führen, daß man beständig den Kreis umwanderte. Dies ist auch heute noch von gleich großer Bedeutung. Wenn man bei einem Mond, einem Totem und seinem Element verharrt, verfällt man zwangsläufig in eine starre Unbeweglichkeit – und Unbeweglich-Sein heißt, im Wachstum einzuhalten und das Wissen um die Verbindung mit der Ganzheit des Rades zu leugnen. Es ist gleichbedeutend damit, den Fluß der Lebenskraft durch sein bloßes Sein zu unterbinden.

Während du den Kreis durchwanderst, hast du die Verantwortung, die verschiedenen Monde, Totems, Pflanzen und Elemente kennenzulernen, deren Pfad du kreuzt. Auf diese Weise erfährt dein eigenes Leben eine stete Veränderung, und deine Lebenskraft schlägt ohne Unterlaß in der Tiefe deines Herzens.

Das ist unsere Vision des Medizinrades. Wir erkennen darin eine Möglichkeit, die Menschen dazu anzuhalten und anzuleiten, sich stetig zu verändern, zu wachsen, sich dem Leben und all ihren Verwandten auf dieser Erde zu öffnen. Ebenso erkennen wir, daß es eine Vision des Jetzt ist, in der wir so vieles von dem Wissen, das die Menschen früher noch besaßen, längst vergessen haben. Es ist eine Vision, die den Menschen dazu verhelfen mag, ihr oftmals eintöniges und einsames Dasein allein durch die Beweglichkeit ihrer Gedanken und Herzen hinter sich zu lassen. Und für jene wenigen, die Langeweile und Einsamkeit nicht kennen, ist es eine Möglichkeit, noch mehr Bewegung und Liebe in ihrem Dasein zu entdecken. Am meisten jedoch dient das Medizinrad dazu, sich selbst in all seinen vielfältigen Erscheinungsformen und Richtungen kennenzulernen.

In unserer Vision werden die Menschen nicht auf ihren ursprünglichen Standort, Richtung oder Klan festgelegt. Sie werden nicht immer die Stärken oder Schwächen einer einzigen Position auf dem Rad in sich tragen. Sie müssen den Kreis so weit wie möglich umwandern, um die Lehren, Anforderungen, Stärken und Schwächen so vieler Positionen wie möglich zu erfahren. Jeder Standort birgt etwas Neues in sich, das ihr Leben bereichern und erweitern wird.

Die Essenz des Medizinrades ist Bewegung und Veränderung. Durch dieses Wissen versuchen die Menschen sich so viel Bewegungsraum, wie sie bewältigen können, in ihrem Leben einzuräumen. Sie hegen den Wunsch, auf dem Rad des Lebens vorzudringen und so vielen Erscheinungsformen der menschlichen Natur wie möglich begegnen zu können. Sie wissen wohl, daß sie all diese Spielarten menschlichen Seins in sich tragen und daß es dennoch notwendig ist, sich in die verschiedensten Positionen zu versetzen, um diese auch in sich verspüren zu können. Sie mißbrauchen ihren ursprünglichen Standort nicht dazu, sich für ein Verhalten zu entschuldigen, das nicht so klar und ausgereift ist, wie es sein sollte. Vielmehr versuchen sie, eine solche Schwäche zu bewältigen, indem sie sich auf eine andere Position auf dem Rad zubewegen, in der sie die Kraft, die sie benötigen, erhalten können. Manchmal strömt diese Kraft aus der Erfahrung menschlicher Gefühle und Gedanken. Ein andermal erfährt man sie, indem man ein Tier beobachtet, wie es mit den ihm innewohnenden Kräften den Bedürfnissen und Anforderungen seines Lebens gerecht wird. Diese Kraft kann man auch aus der Betrachtung eines Steines, einer Pflanze oder in den Gesängen der Winde oder des irdischen Herzschlages schöpfen.

Jenen, die ein Leben führen, das stets offen ist für die Lehren der Schöpfung, wird das richtige Wissen immer zur richtigen Zeit begegnen, egal, wer der notwendige Lehrer ist. Für sie ist die Erde ein magischer Ort und der Ursprung unerschöpflichen Staunens.

Wir alle können ein solches Leben führen, wenn wir uns dafür entscheiden. Es ist allein die Anmaßung unseres Intellekts, die uns predigt, daß wir uns völlig alleine in einem fremden und feindlichen Universum befinden. Es ist allein die Arroganz unseres Verstandes, die uns predigt, daß wir der wichtigste Bestandteil jenes Universums sind. Es ist allein unsere Angst, die uns ungeliebt und einsam erscheinen läßt. Wenn wir unsere Herzen öffnen, wird das Licht der Liebe und der Einheit, die das Universum erschaffen hat, hereinströmen und jene abgeflachten und trostlosen Landschaften erleuchten, in denen wir manchmal zu leben glauben. Wenn wir uns für die Reise um den magischen Kreis entscheiden, werden sich unsere Herzen von alleine öffnen, während wir dieses Leben, das uns in so vielfältigen und schönen Erscheinungsformen gegeben worden ist, beginnen werden, neu zu erfahren.

Die Monde und die Totems

Der Mond oder Monat deiner Geburt bestimmt deinen Ausgangspunkt auf dem Medizinrad und dein Anfangstotem in den mineralischen, pflanzlichen und tierischen Reichen. Der 1. Mond des Jahres, der Mond der Erderneuerung, kennzeichnet die Zeit, in der Vater Sonne von seiner Reise in den Süden zurückkehrt und beginnt, in Mutter Erde und ihren Kindern neues Wachstum anzufachen. Dieser Mond beginnt zur Zeit der Wintersonnwende, die gewöhnlich am 22. Dezember eintritt. Es ist dies der erste Mond von Waboose, der Hüterin des Geistes aus dem Norden. Ihm folgen der Mond der Rast und Reinigung und der Mond der Großen Winde. Die Monde von Waboose, jene der Erderneuerung und der Rast, leiten die Zeit ein, in der das Wachstum des vorangegangenen Jahres betrachtet werden sollte und man sich auf das Wachstum des zu erwartenden Jahres vorbereitet. Den Monden von Waboose folgen jene von Wabun, der Hüterin des Geistes aus dem Osten. Diese drei Monde sind jene des neu angefachten Wachstums, wenn Vater Sonne beginnt, alle Kinder der Erde zu erleuchten und sie darauf vorzubereiten, ihre Früchte hervorzubringen. Der erste Mond von Wabun ist der Mond der Knospenden Bäume, der zur Zeit des Frühlingsäquinoktiums* beginnt, gewöhn-

* Tagundnachtgleiche

lich am 21. März. Die anderen Monde von Wabun sind der Mond der Wiederkehrenden Frösche und der Mond der Maisaussaat. Die Monde von Wabun sind die der Erleuchtung und Weisheit, wenn sich die Kinder der Erde darauf vorbereiten, in der ihnen gemäßen Weise zu wachsen.

Als nächstes kommen die Monde von Shawnodese, der Hüterin des Geistes aus dem Süden. Es sind dies die Monde des raschen Wachstums, wenn die ganze Erde zum Erblühen kommt und die Früchte für das Jahr hervorbringt. Der Mond der kraftvollen Sonne ist der erste von Shawnodese. Er beginnt am 21. Juni, der Zeit der Sommersonnwende. Es folgen der Mond der Reifenden Beeren und der Mond der Ernte. Es ist dies die Jahreszeit des Wachstums und des Vertrauens. Vertrauen ist notwendig in dieser Jahreszeit, da das Wachstum so schnell vonstatten geht, daß keine Zeit bleibt, über Weiterentwicklung nachzudenken.

Der Herbst ist die Jahreszeit des Mudjekeewis, des Hüters des Geistes aus dem Westen. Der 1. Mond von Mudjekeewis ist der Mond der Fliegenden Enten, der am 23. September beginnt, dem Tag des Herbst-Äquinoktiums. Ihm folgen der Mond der Ersten Fröste und der Mond des Langen Schnees. Es sind dies die Monde, die uns die Zeit der Selbstprüfung bringen – Zeit, Kraft zu sammeln, nach innen zu blicken und Wachstum und Fortschritt der vorangegangenen Jahreszeiten zu betrachten. Dies ist die Zeit, sich auf die Jahreszeit der Ruhe und Erneuerung vorzubereiten, die dann folgt.

Jeder Mond hat ein spezielles Totem oder Zeichen in den mineralischen, pflanzlichen oder tierischen Reichen, das die charakteristischen Merkmale mit jenen Menschen teilt, die zu dieser Zeit geboren wurden. Von deinem Ausgangstotem lernst du etwas über dich selbst, zugleich aber auch lernst du mehr über deine anderen Beziehungen auf der Erde. Die Menschen tragen in der Tat die Verantwortung, ihren Totems Ehrerbietung, Zuneigung und Dankbarkeit für die Lektionen und die Energien zu erweisen, die jene zur Fortdauer des Lebens auf unserer gemeinsamen Mutter Erde beitragen.

Während du das Rad umwanderst, solltest du bestrebt sein, so viel wie möglich über die Totems jener Positionen zu lernen, an denen du gerade stehst, so daß du beständig deine Kenntnisse über jene erweiterst, die die Erde mit dir teilen. Wenn du am Ort eines anderen Mondes stehst, hast du die Fähigkeit, die charakteristischen Merkmale des zugehörigen Totems anzunehmen und von ihnen zu lernen – ebenso, wie du von deinen zweibeinigen Gefährten lernen kannst. Je mehr du bestrebt bist zu lernen, desto größer ist dein Fortkommen auf deiner Reise um das Medizinrad.

Denke stets daran, daß nicht alle Menschen dieselben charakteristischen Merkmale teilen werden, auch wenn sie denselben Mond und dasselbe Totem haben. Alle bereisen das Rad in ihrer eigenen Geschwindigkeit. Und es ist möglich, daß man in einer Zeit, in der man sich in einer bestimmten Position befindet, manchmal Stimmungen und Phasen ausgesetzt ist, die scheinbar besser in die eines anderen Mondes passen. Sie können dich an Positionen erinnern, durch die du schon hindurchgegangen bist, oder Hinweise geben auf die Plätze, zu denen du als nächstes reisen wirst. Die wichtige Botschaft des Medizinrades ist: Gestatte dir selbst, weiterzureisen und nicht in einer Position zu verharren, was deine Energien davon abhalten würde, sich zu verändern und zu wachsen.

	DATUM	MOND	TIER	PFLANZE
Nord	22. Dezember – 19. Januar	der Erderneuerung	Schneegans	Birke
	20. Januar – 18. Februar	der Rast und der Reinigung	Otter	Zitterpappel
	19. Februar – 20. März	der Großen Winde	Puma	Wegerich
Ost	21. März – 19. April	der Knospen- den Bäume	Roter Habicht	Löwenzahn
	20. April – 20. Mai	der Wiederkeh- renden Frösche	Biber	Blaue Camasspflanze
	21. Mai – 20. Juni	der Maisaussaat	Hirsch	Schafgarbe
Süd	21. Juni – 22. Juli	der Kraftvollen Sonne	Specht	Heckenrose
	23. Juli – 22. August	der Reifenden Beeren	Stör	Himbeere
	23. August – 22. September	der Ernte	Braunbär	Veilchen
West	23. September – 23. Oktober	der Fliegenden Enten	Rabe	Königskerze
	24. Oktober – 21. November	der Ersten Fröste	Schlange	Distel
	22. November – 21. Dezember	des Langen Schnees	Wapiti	Schwarzfichte

MINERAL	HÜTER DES GEISTES	FARBE	ELEMENTE-KLAN	ERGÄNZUNG
Quarz	Waboose	weiß	Schildkröte	Specht
Silber	Waboose	silber	Schmetter-ling	Stör
Türkis	Waboose	blaugrün	Frosch	Braunbär
Feueropal	Wabun	gelb	Donnervogel	Rabe
Chrysokoll	Wabun	blau	Schildkröte	Schlange
Moosachat	Wabun	weiß+grün	Schmetter-ling	Wapiti
Karneol	Shawnodese	rosa	Frosch	Schneegans
Granat & Eisen	Shawnodese	rot	Donnervogel	Otter
Amethyst	Shawnodese	purpur	Schildkröte	Puma
Jaspis	Mudjekeewis	braun	Schmetter-ling	Roter Habicht
Kupfer & Malachite	Mudjekeewis	orange	Frosch	Biber
Obsidian	Mudjekeewis	schwarz	Donnervogel	Hirsch

Mond der Erderneuerung

22. Dezember – 19. Januar

Mond der Erderneuerung

(Schneegans) 22. Dezember – 19. Januar

Menschen, die unter dem Mond der Erderneuerung, dem ersten Mond des Jahres, geboren werden, haben die Schneegans als Totem im Tierreich, die Birke als Totem im Pflanzenreich und den Quarzstein als Totem im Reich der Mineralien. Ihre Farbe ist weiß, und sie gehören dem Elementeklan der Schildkröten an. Sie werden zwischen dem 22. Dezember und dem 19. Januar geboren.

Um die Menschen im Zeichen der Schneegans besser verstehen zu können, wollen wir einen Blick auf ihre Totems in den anderen Bereichen der irdischen Schöpfung werfen. Der Quarz, ihr Totem im Reich der Mineralien, ist einer der verbreitetsten und häufigsten natürlichen Grundstoffe der Erde. Er setzt sich aus Silicium-Dioxyd zusammen und ist ein relativ harter Stein mit einem gläsernen Glanz. Quarz kommt in fast jeder erdenklichen Farbschattierung vor, tritt jedoch am häufigsten weiß oder farblos auf. Und diese Schattierung ist es, die mit den Schneegans-Menschen in Verbindung gebracht wird. In alten Zeiten glaubte man, daß der Quarz aus ewigem Eis bestand, da er sich stets kühl anfühlt. Diese Theorie wurde durch die Tatsache bestärkt, daß man oftmals einen Tropfen gefrorenen Wassers im Quarz entdekken kann, der während der Entstehung des Steins in ihm eingeschlossen wurde und erst dann verdunsten kann, wenn der Stein zerbricht. Kristall ist das griechische Wort für Eis. Aufgrund seiner Ähnlichkeit mit dem Eis sprach man dem Quarz die Fähigkeit zu, vor Durst zu schützen. Noch in unserem heutigen Jahrhundert wurde in Pfadfinder-Handbüchern darauf hingewiesen, ein Stück Quarz in den Mund zu nehmen, wenn man Durst verspüre.

Quarz ist ein Stein der Kraft. Er wird heutzutage als übersetzende Kraft in Radios, Radaranlagen, in Fernsehapparaten, in Ultraschallgeräten und in anderen technischen Bereichen genutzt. Es heißt, daß Quarz in kristalliner Form noch andere, ähnlich geartete Kräfte in sich birgt, von denen wir heute noch kaum etwas ahnen. Oftmals wurden in der Vergangenheit in die Zepter der Könige und Edelmänner Quarzsteine eingearbeitet. Manche behaupten, daß der Untergang von Atlantis auf den Mißbrauch von Quarzsteinen zurückzuführen ist, welche von den Bewohnern von Atlantis als Energiequelle benutzt worden waren. Die Kristallkugeln, mit deren Hilfe Wahrsagerinnen die Zukunft voraussagten, waren aus Quarz. Die mit Wasser gefüllten Kristallschüsseln, die dazu benutzt wurden, um Regen heraufzubeschwören oder in die Zukunft zu blicken, sind ein weiteres Beispiel für die magische Verwendung dieses Steines. Australische Eingeborene benutzten ihn in ihren Regen-Zeremonien. Indianische Stämme in den USA benutzten den Quarzstein vielfach für die gleichen Zwecke wie die alten Völker in allen Ländern der Welt.

Schneegans-Menschen können von dem Quarzkristall ihre eigenen Fähigkeiten ablesen, die Dinge des Lebens deutlich und klar zu erkennen und die Energien des Universums ungehindert durch sich fließen zu lassen. Wenn Schneegans-Menschen diesen Zustand beibehalten können, sind sie in der Lage, die unerschöpflichen Kräfte des Universums auffangen und weiterleiten zu können, so, wie es auch ihr mineralisches Totem tut. Schneegans-Menschen besitzen das kühle Äußere des Quarzes, was sie anderen gegenüber oft reserviert und gefühlskalt erscheinen läßt. Sie werden jedoch ebenso wie ihr Stein Wärme ausstrahlen können, wenn Menschen, die ihnen nahestehen, in der Lage sind, ihre eigene Wärme und Energie auf sie abstrahlen zu lassen. Schneegans-Menschen werden sich niemals zu übersprudelnden oder übersentimentalen Gefühlsausbrüchen hinreißen lassen, aber sie können dennoch lernen, eine beständige Wärme- und Lichtquelle für ihre Mitmenschen zu sein. Die Stärke dieser Menschen rührt, wie die Stärke ihres Steines, von ihrer Fähigkeit, Dinge auf das genaueste aufzufangen und weiterzuleiten. Da diese Kraft von ungeheurem Ausmaß sein kann, trägt sie in sich zugleich den potentiellen Samen für die eigene Zerstörung und kann, wenn sie mißbraucht wird, Schneegans-Menschen und ihren Mitmenschen ernsthafteren Schaden zufügen. In diesem Sinne wurde auch den Kristallen nachgesagt, daß sie zum Untergang von Atlantis geführt hätten. Schneegans-Menschen können im Quarzstein sowohl ihre Fähigkeiten wie auch die Vorsichtsmaßnahmen erkennen, die sie einhalten müssen, wenn sie diese Fähigkeiten ausüben. Sie können durch ihn lernen, sich niemals auf Anschauungen oder Philosophien irgendwelcher Art zu versteifen, wenn sie nicht wie er in ungleichmäßige Stücke zerspringen wollen. Durch das Bei-sich-Tragen und die Auseinandersetzung mit Quarzsteinen können sie Geheimnisse erfahren, die ihnen auf keinem anderen Weg offenbart werden.

Das Pflanzen-Totem der Schneegans-Menschen ist die Birke, einer der ältesten und weitverbreitetsten Bäume der Welt. Die Birke ist ein stattlicher und schön anzusehender Baum, der manchmal bis zu 15 Meter hoch werden kann. Die Rinde der Birke kann weiß, gelb, braun oder fast schwarz sein. Wenn die Bäume jung sind, ist der Stamm noch glatt, seine charakteristischen Querstreifen nimmt er erst während des späteren Wachstums an. Die Blätter des Baumes sind hellgrün und einfach gezackt. Die Blüten der Birke hängen lange nach unten und sind manchmal ungewöhnlich groß.

Birken findet man in allen Teilen des nordamerikanischen Kontinents, von der Arktis bis hin zu Florida und Texas. Die eingeborenen Völker der USA benutzten in den alten Tagen alle Teile des Baumes. Man benutzte die Rinde der Birke zum Schreiben, manche der wichtigsten Botschaften der traditionellen Bewohner des Landes sind auf Schriftrollen aus Birkenrinde erhalten. Der Saft des Baumes fand als Getränk und Sirup Verwendung. Man stellte aus gelbem Birkensaft und Sassafras ein Getränk her, das dem heutigen Root Beer* sehr ähnlich war. Aus der Rinde und den Blättern wurde ein Tee gemacht, der sich heilsam auf Verdauungsschwierigkeiten und Erkrankungen der Nieren und der Blase auswirkte. Aus dem Inneren der Rinde gewann man Salizylsäure, die Vorgängerin des Aspirins. Äußerlich angewandt galt Birkenrinden- oder Birkenblättertee als ausgezeichnetes Heilmittel gegen Hautprobleme und Schwellungen.

In waldreichen Gegenden legte man bei Schwitzritualen manchmal die Blätter der Birke auf die heißen Steine, um den Körper mit Hilfe ihres Dampfes zu reinigen und sich überflüssiger statischer Spannungen zu entledigen. Birkenzweige wurden auch häufig zu Ruten zusammengebunden, mit denen man sich während der Schwitzhütten-Zeremonien gegenseitig schlug, um den Kreislauf anzuregen und Giftstoffe aus dem Körper zu vertreiben.

Die Angehörigen mancher indianischer Stämme pflegten nach der Aussaat einen Birkenast hinter sich herzuziehen, um die Mikroorganismen im Boden zu aktivieren. Die Wurzeln der Birke regen auch die Tätigkeit eines Komposthaufens an, und so ist es ratsam, diesen am Fuß einer Birke anzusetzen, wenn eine zur Verfügung steht.

* Root Beer – ein Getränk aus Hefe und Kräutern

Schneegans-Menschen haben die stattliche Ausstrahlung der Birke, welche ein Wissen um alte Traditionen und längst verlorene Weisheiten andeutet. Wenn Schneegans-Menschen ihre Energien ungehindert fließen lassen, werden sie von den universellen Quellen des Lebens, mit denen sie in Verbindung stehen können, oftmals Informationen über solche Traditionen und Weisheiten zugespielt bekommen. Schneegans-Menschen fühlen sich aufgrund dieser natürlichen Veranlagung stark zu Traditionen hingezogen. Obgleich sie wissen, daß Veränderungen notwendig sind, verlangen sie doch, daß diese in ordnungsgemäßer Reihenfolge stattfinden und somit den Traditionen und Weisen vergangener Tage gerecht werden. Hat sich eine Tradition, ob nun ein religiöses Ritual oder ein Familienbrauch, einmal als fester Bestandteil ihres Lebens eingespielt, so tun sie sich erheblich schwer, wieder davon loszukommen. Sie fühlen sich mehr als Menschen anderer Zeichen den Traditionen und Ritualen verbunden und haben einen ausgeprägten Sinn für die Bereicherung, die diese dem Gefüge menschlichen Lebens bescheren können. Schneegans-Menschen sind oft, ähnlich den Schriftrollen aus Birkenrinde, menschliche Werkzeuge, um wichtige Botschaften aus der Vergangenheit in unsere heutige Zeit hinüberzuretten.

Schneegans-Menschen können die Birke im eigentlichen und übertragenen Sinn für sich benützen, um sich von Giftstoffen zu befreien, die ihren natürlichen Energiefluß blockieren. Da Schneegans-Menschen die Fähigkeit besitzen, die Dinge klar zu erkennen, befinden sie sich oft in Positionen, in denen sie anderen mit Rat und Tat zur Seite stehen. Wenn sie dies tun, müssen sie sich jedoch erst einmal versichern, daß sie selbst in einer so klaren Verfassung sind, daß sie die Dinge, die sie sehen, ohne ihre eigenen Vorurteile und Vorbehalte an sich herankommen lassen können. Diese Menschen besitzen die gleiche Fähigkeit wie die Birke, die Atmosphäre von unnötigen statischen Schwingungen zu befreien – Voraussetzung dafür ist es jedoch, daß sie selbst nach einer inneren Klarheit trachten, in der ihre Energien frei und unbelastet durch sie hindurchfließen können.

Ein Tee aus Birkenrinde oder -blättern kann für Menschen dieses Totems sehr heilsam sein, da sie zu Erkrankungen des Verdauungsapparates neigen. Birkenblätter oder -zweige können Schneegans-Menschen behilflich sein, in der Erlernung des Schwitzhütten-Rituals bei guter körperlicher Verfassung zu bleiben, besonders wenn sie unter Gliederschmerzen oder Schwellungen leiden – was wiederum besonders für die Knie gilt, da Schneegans-Menschen dazu neigen, Kniebeschwerden zu haben, wenn sie sich über einen zu langen Zeitraum hinweg in einer inneren Disharmonie befinden.

Die Menschen, die diesem Totem angehören, können von der Schneegans vieles über ihr eigenes Wesen erfahren, da die Angehörigen des Tierreiches den Menschen sehr nahestehen. Die Schneegans ist ein wundervoll anzusehender weißer Vogel mit schwarzen Flügelspitzen. Die alte wissenschaftliche Bezeichnung für die Schneegans war *»Chen Hyperborea«*, was soviel heißt wie »Gans, die von jenseits des Nordwindes kommt«. Man gab der Schneegans diesen Namen, da man nicht wußte, wohin die Gänse ziehen, wenn sie uns im Frühjahr verlassen. Der Schnee regelt zu einem Großteil das Leben dieser Tiere. Sie ziehen zu ihren Nistplätzen weiter, sobald die Schneeschmelze im Frühjahr einsetzt, und kehren erst dann wieder zurück, wenn im Herbst der erste Schnee fällt.

Manche Arten ziehen jährlich 5000 Meilen von ihren Nistplätzen in der kanadischen Subarktis zum Golf von Mexiko und wieder zurück. Der Zug findet sich in einer losen V-Formation zusammen, der gewöhnlich ein ausgewachsenes weibliches Tier voranfliegt. Auf diese Weise schneidet jede Gans für die nachfolgende eine Luftschneise und fliegt ihr etwas seitlich voraus, wodurch die Sicht eines jeden Tieres gesichert wird. Schneegänse sind sehr gesellige Vögel. Wenn sie sich auf ihren Zuglinien befinden, kann man häufig erleben, wie 20- bis 30tausend Tiere sich am gleichen Platz niederlassen, um eine gemeinsame Mahlzeit einzunehmen. An ihren Nistplätzen angelangt, beweisen sie ihren ausgeprägten Sinn für Tradition, indem sie den erfahreneren, älteren Vögeln die erste Platzwahl überlassen und darauf achten, daß zwischen den Nestern ein Abstand von etwa 6 Metern eingehalten wird. Sie sind ausgesprochen fürsorgliche Eltern, die ihre Eier stets mit Moos und Gras vor Kälte schützen. Sowohl Gans wie Ganter bleiben während der Brutzeit bei den Eiern. Die jungen Gänse besitzen einen sogenannten Eierzahn, mit dem sie das Ei durchstoßen, um ausschlüpfen zu können – ein Vorgang, der etwa 24 Stunden beansprucht. Als erstes sprengen sie das Ei, um durch den so entstandenen Sprung in der Schale atmen zu können. Am darauffolgenden Tag schlüpfen sie dann mit viel Energie und Kraftaufwand schließlich aus. Die Eltern bleiben während der Hauptwachstumsperiode der jungen Gänse mit ihrem Nachwuchs zusammen. Nachdem die Jungbrut ausgeschlüpft ist, wechseln die Eltern ihr altes Federkleid, was zur Folge hat, daß sie drei bis vier Wochen nicht in der Lage sind auszufliegen. Die jungen Gänse können, sobald ihre sich relativ langsam entwickelnden Flügel mit etwa sechs Wochen die richtige Größe erreicht haben, fliegen.

Wer jemals mit Hausgänsen zu tun gehabt hat, weiß auch schon eine ganze Menge über die Gewohnheiten von Schneegänsen. Diese Vögel verbringen oft Stunden damit, sich gegenseitig Mücken und anderes Ungeziefer aus dem Gefieder zu picken. Sie besitzen einen Zupfinstinkt, der dann zutage tritt, wenn sie Nahrung, Fleisch oder sonstiges zu fassen bekommen. Dieser Instinkt ist es, der für jenes Kneifen verantwortlich ist, das man einmal von einer Gans erhalten haben mag. Gänse können weitaus besser sehen als

Menschen, was natürlich ein Vorteil ist für das Suchen von Insekteneiern sowie auf ihrer jährlichen Wanderschaft. Die Schneegans macht sich gewöhnlich mit einem Schrei bemerkbar, der an eine Hupe erinnert, wenn jedoch einige tausend hupender Gänse im Anzug sind, könnte man sie ebensogut mit einem Rudel wilder Hunde oder bellender Kojoten verwechseln.

Schneegänse hinterlassen aufgrund ihrer Schönheit, ihrer Präzision und ihrer Geräusche einen tiefen Eindruck auf Menschen, wenn sie am Himmel vorbeiziehen. Was uns jedoch wohl am meisten beschäftigen mag, ist die Frage nach dem Ziel ihrer Reise und ihrer Fähigkeit, unfehlbar dort anzukommen. So mancher rastlose Landbewohner kann seinen Zustand innerer Unruhe darauf zurückführen, daß er seine Phantasie allzu oft mit dem Zug jener herrlichen Vögel mitfliegen ließ.

Schneegans-Menschen besitzen wie ihr Totem die geistige Fähigkeit, zu schweben und weite Strecken hinter sich zu bringen. Das ist mit ein Grund, warum sie in der Lage sind, so viel Kraft in sich anzusammeln, wie es für gewöhnlich der Fall ist. Da sie dem Klan der Schildkröten angehören, sind sie stets mit der materiellen Welt verwachsen, bleiben jedoch geistig in der Lage, in ferne Bereiche, jenseits von Waboose, der Hüterin des Nordwindes, vorzudringen.

Schneegans-Menschen werden unter dem 1. Mond von Waboose, dem Mond der Erderneuerung, geboren, und so kommt es, daß ihr Leben wie das der Gänse vom Schnee bestimmt wird. Die Zeit, die im Zeichen von Waboose steht, befähigt sie, sich selbst zu erneuern, indem sie ihren Geist fliegen und ihren Körper gleichzeitig in Ruhe verharren lassen können.

Diese Menschen haben ebenso wie die Gans Achtung vor Traditionen und erkennen bereitwillig jegliche Autorität an. Sie werden, selbst wenn sie in geistiges Neuland vorzudringen versuchen, stets darauf bedacht sein, ein tadelloses

Benehmen an den Tag zu legen, das in Traditionen eingebettet ist und jeder sich über ihm befindenden Autorität Achtung erweist. Schneegans-Menschen sind wie ihr Totem überaus gesellige Wesen, die die Gesellschaft anderer aufrichtig schätzen. Aufgrund ihres zurückhaltenden Wesens verhalten sie sich jedoch auch in Gesellschaft anderer so unauffällig, daß man ihre Anwesenheit oft übersieht. In Gesellschaft tendieren sie zu angenehmer, jedoch nichtssagender Plauderei und sagen stets genau das Richtige, ohne jemals Einblick in ihr Innerstes zu gewähren. Es ist äußerst schwierig, ihren Panzer von Zurückhaltung zu durchbrechen, um in die Bereiche ihres wirklichen Ichs vorzudringen. Da sie von Grund auf sehr anspruchsvoll sind, wählen sie sorgfältig aus, wem sie Einlaß gewähren und wem nicht.

Schneegans-Menschen sind umsichtige Eltern, die stets um die Sicherheit, das Wohlergehen und die Anpassungsfähigkeit ihrer Kinder an die momentanen Gepflogenheiten und die von den Eltern vertretenen Anschauungen besorgt sind. Schneegans-Menschen sehen es gerne, wenn ihr Zuhause und ihre Kinder gut durchorganisiert sind, und der Alltag so perfekt und problemlos wie möglich abläuft. Als Eltern erwarten sie von ihren Kindern wortlosen Gehorsam und die absolute Anerkennung ihrer Autorität und neigen zur Anwendung strenger Strafmaßnahmen, wenn sie erzürnt worden sind. Sie sind aufgrund ihrer äußeren Reserviertheit ihren Kindern gegenüber nicht sehr überschwenglich und erwarten stattdessen, daß diese ihre Liebe durch den reibungslosen Ablauf ihres täglichen Lebens, den sie bemüht sind, ihnen zu gewähren, spüren. Oftmals verlangen sie aufgrund ihres ausgeprägten Sinnes für Traditionen und Pflichtbewußtsein von ihren Kindern mehr, als diese zu erfüllen vermögen.

Schneegans-Kinder sind manchmal im Verlauf ihrer ersten Lebensspanne äußerst ruhig und zurückhaltend. Sie scheinen gerade das notwendigste, was das Leben ihnen abverlangt, erfüllen zu können, jedoch nichts, was darüber hinausgeht. An irgendeinem Punkt ihres Lebens – und dies erinnert an das Verhalten des jungen Gänschens – entscheiden sie sich jedoch dazu, die selbstauferlegte Schale zu durchstoßen, und brechen schließlich mit unerwarteter Energie ins Freie, um von nun an stets einen Platz in der vordersten Reihe für sich zu beanspruchen. Der Zeitpunkt, zu dem dieser Durchbruch stattfindet, ist natürlich von Kind zu Kind verschieden.

Der Drang, im Mittelpunkt zu stehen, begleitet Schneegans-Menschen von nun an durch ihr ganzes Leben, obgleich sie sich nach wie vor so häufig hinter jenem Vorhang von Reserviertheit verstecken, daß sie oftmals geradezu übersehen werden. Sobald Schneegans-Menschen jedoch das Gefühl bekommen, daß sie die ihnen innewohnende Kraft handhaben und selbstbewußt auftreten können, werden sie sich oft im Mittelpunkt des Geschehens wiederfinden, wo sie ihre innere Klarheit mit jenen teilen, die ein offenes Ohr dafür zeigen. Wenn Schneegans-Menschen zu ihrem inneren Gleichgewicht vorgedrungen sind, besitzen sie vieles, was sie mit anderen teilen können, und sind in der Lage, eine Vielzahl von verschiedenen Arbeiten und Aufgaben gründlich und gut zu erledigen.

Menschen dieses Totems sind wie die Schneegänse, die jede winzige Insektenlarve entdecken, geradezu pedantisch veranlagt. Da sie sich nach einer allzu vollkommenen Ordnung sehnen, empfinden sie schon die geringste Kleinigkeit in ihrer Umgebung oder an ihren Mitmenschen, die dieser Ordnung nicht entspricht, als äußerst störend. Sie können Stunden damit verbringen, ihren Freunden einzureden, wie sie sich charakterlich zum Besseren hin verändern und beständiger werden können. Sie entsprechen genau jenem Typ Mensch, der zu Besuch kommt, mit prüfendem Finger über die Kommode fährt, die vollen Aschenbecher ausleert und welke Topfpflanzen gießt. Damit beabsichtigen sie natürlich nicht im geringsten, den Haushalt zu beanstanden, sie können es nur nicht ertragen, von Dingen umgeben zu sein, die ihren Maßstäben von Ordnung nicht entsprechen.

Wenn sich Schneegans-Menschen in einer inneren Disharmonie befinden, zeigt sich auch bei ihnen jener Zupfinstinkt, der für die Gänse so typisch ist. Sie springen auf die leiseste Andeutung von Provokation schnellstens an und versuchen, ihren Mitmenschen häufig den Teppich unter den Füßen wegzuziehen. Wenn sie schlecht gelaunt sind, neigen sie zu Eifersucht, übertriebener Skepsis, Überheblichkeit, Arroganz und Manipulation. Sie verfangen sich leicht in ihrer eigenen Traurigkeit und versuchen, jeden, den sie kennen, mit hineinzuziehen. Da sie zu geistigen Höhenflügen befähigt sind und ungeahnte Kräfte in ihnen aufsteigen können, sind sie Meister der Manipulation, wenn sie sich etwas in den Kopf gesetzt haben. Die Ausdauer des Schildkrötenklans ermöglicht es ihnen, langwierige Rachefeldzüge gegen jene, von denen sie sich mißachtet fühlen, zu führen. Sie sind ohne Zweifel in der Lage, jenen, von denen sie sich beleidigt oder anderweitig verletzt fühlen, übel mitzuspielen. Diese Taktik können sie unerwartet lange aufrechterhalten und dabei jenen, die ihnen nahestehen oder auch nur versehentlich ihren Weg kreuzen, große Schmerzen zufügen. Manche Schneegans-Menschen sind darin so ausdauernd, daß ihre eigene Kraft sich im Versuch, sie auf den rechten Pfad wieder zurückzuführen, gegen sie wendet. In solchen Momenten sind sie sehr anfällig für Störungen des Verdauungsapparates sowie für Arthritis und Rheuma, besonders im Bereich der Knie.

Aufgrund der Wesenszüge, die ihre Zugehörigkeit zum Schildkrötenklan bedingen – Ausdauer, die an Sturheit grenzt, und eine Angst vor allem Neuen, was sich nicht in einem langsamen Veränderungsprozeß ankündigt –, und der Hartnäckigkeit, die ihrem Wesen anhaftet, fällt es

Schneegans-Menschen äußerst schwer, umzukehren, wenn sie einmal auf einen Kurs der inneren Disharmonie geraten sind. Für gewöhnlich bedarf es der Herausforderung ihrer eigenen Kraft oder der Hilfe von jemandem, der ebenso kraftvoll ist wie sie, um aus diesem Teufelskreis herauszukommen. Wenn sie jedoch lernen können, sich zu öffnen, nach außen zu treten, ja leichtsinnig zu sein, haben sie oftmals schon den ersten Schritt zur Wiedererlangung ihres seelischen Gleichgewichts getan.

Die Farbe der Schneegans-Menschen ist das Weiß des Schnees, jener magischen Erscheinungsform, in der das Wasser auf die Erde niederschwebt. Keine Flocke gleicht der anderen, und zusammen lassen sie alles frisch, glänzend, sauber und neu erscheinen. Weiß ist die Summe aller Farben, was soviel heißt, daß es in sich alle anderen Farben des Spektrums birgt. Weiß wird als die Farbe der Reinheit, der Harmonie aller Farben betrachtet. Ebenso heißt es, daß Weiß die Farbe der Vollkommenheit, der Erleuchtung und der Evolution ist. Viele Menschen benutzen Weiß, um sich vor unreinen und negativen Schwingungen zu schützen.

Die Farbe Weiß symbolisiert die höchste Entwicklungsstufe, nach der Menschen dieses Totems streben können. Sie können mit ihrer Kraft und ihrem angeborenen Drang nach Vollkommenheit in hohe geistige Sphären aufsteigen, wenn sie lernen, die Energien, die ihnen zu eigen sind, im Gleichgewicht zu halten. Ebenso können sie geistige Reinheit erlangen.

Dies ist auch eines der wichtigsten Dinge, die Menschen auf ihrer Wanderung um das Medizinrad in diesem Zeichen erlernen können. Hier angelangt können sie alle Energien, die sie auf ihrer Reise angesammelt haben, in Einklang miteinander bringen, um sich somit selbst zu erneuern. Hier können sie die geistige Reinheit erlangen, die ihnen ermöglicht, so große Schritte wie möglich auf dem Pfad ihrer menschlichen Entwicklung zu machen.

Der Mond, der das Wesen und Leben dieser Menschen beeinflußt, ist der Mond der Erderneuerung, der Mond der Wintersonnenwende und der 1. Mond des Jahres. Es ist der Mond, der die Menschen – wie auch alle anderen Kinder der Erdmutter – in die Zeit der Rast und Erneuerung einführt. Als solcher verursacht er natürlich nicht so große emotionale Aktivitäten wie andere Monde des Jahres, was sich wiederum in der Reserviertheit dieser Menschen ausdrückt. Der Mond, der in diesem Zeichen der Rast und Erneuerung steht, läßt aufgrund seiner Wesenheit wenige sichtbare Emotionen aufkommen. Es ist vielmehr ein Mond, der den Menschen bedeutet, sich in die Ruhe ihrer innersten Seele zurückzuziehen, die Geschehnisse des vergangenen Jahres noch einmal rückblickend zu überdenken und sich innerlich wie äußerlich auf das kommende Jahr vorzubereiten.

Schneegans-Menschen ergänzen sich mit Specht-Menschen und kommen am besten mit jenen Menschen aus, die ebenso wie sie dem Schildkrötenklan angehören – dies sind Biber- und Braunbär-Menschen – sowie mit den Angehörigen des Forschklans, Puma- und Schlangen-Menschen. Wenn sie sich jedoch in einem Zustand innerer Ausgewogenheit befinden, sind sie durchaus in der Lage, mit Menschen aller Zeichen zu harmonieren.

Die Kräfte der Himmelsrichtungen

Die Kräfte der Himmelsrichtungen

Eine jede der vier Himmelsrichtungen birgt besondere Eigenschaften und ein besonderes Wissen in sich, das es zu erlernen gilt. Wenn man das Medizinrad bereist und in den Monden der verschiedenen Himmelsrichtungen steht, so ist es wichtig, sich diesem Wissen zu öffnen, denn es ist erfüllt von Geist und Kraft. In der Vision des Medizinrades hatte jede Richtung einen Hüter des Geistes – ein spirituelles Wesen, das verantwortlich dafür war, den Kindern der Erde die Kräfte der jeweiligen Himmelsrichtung nahezubringen. Jede Richtung ist einer Jahreszeit und Tageszeit zugeordnet. Jede hat ein Tier-Totem und eine Farbe, die ihre Tages- und Jahreszeit repräsentiert. Für den Norden ist die Hüterin des Geistes jene, die das Volk der Chippewa »Waboose« nannte, für den Osten ist es Wabun, für den Süden Shawnodese, für den Westen Mudjekeewis, Häuptling der Hüter des Geistes und Vater der Winde. Jeder Hüter des Geistes hat die Aufgabe, einen der Winde zur Erde zu führen. Waboose bringt die kalten Nordwinde des Winters, die die Erde mit ihrer Intensität reinigen und die meisten Erdenkinder zwingen, einen Teil ihrer Zeit ausschließlich damit zu verbringen, sich zu wärmen, zu erholen und zu erneuern. Wabun bringt die warmen Ostwinde des Frühlings, die uns necken und zwingen, uns dem Licht und der Weisheit zu öffnen, die das Frühjahr mit sich bringt. Shawnodese bringt die heißen

Südwinde des Sommers, die uns vollständig für das Wachstum öffnen, das mit dieser Zeit einhergeht. Mudjekeewis bringt die kühlen Westwinde des Herbstes, die uns helfen, in uns zu gehen und unsere eigenen Stärken und Schwächen zu finden.

Ein jeder der Hüter des Geistes lenkt drei Monde, und die Menschen dieser Monde teilen die Eigenschaften, die jede Himmelsrichtung ihnen verleiht. Das sind die Eigenschaften, die ihnen helfen können, in die spirituellen Bereiche des Daseins aufzusteigen und sich den Kräften des Universums noch weiter zu öffnen.

Um die Hüter des Geistes und ihre Tiere besser begreifen und in Erinnerung behalten zu können, wollen wir diesen Abschnitt des Buches mit einer Geschichte beginnen, die berichtet, wie jedes Tier mit seiner Himmelsrichtung verbunden wurde.

Wie Büffel, Adler, Kojote und Bär begannen, den Hütern des Geistes zu helfen

Vor langer Zeit, als die Tiere noch miteinander und mit den Menschen reden konnten und als die Hüter des Geistes noch manchmal unter den Menschen weilten, da hatten vier der mächtigsten Tiere eine Meinungsverschiedenheit. Ein jedes meinte, es sei das beste und verdiene, Häuptling über alle anderen Tiere zu sein. Dies verursachte eine äußerst schlechte Stimmung im Rat der Tiere, in dem der Bär stets König gewesen war. Er hatte diese Stellung inne, weil er stark war und stets weise Entscheidungen für seine Brüder und Schwestern getroffen hatte. Während die meisten Tiere dafür stimmten, daß der Bär es nach wie vor verdiene, Häuptling zu sein, ergriffen andere Partei für dieses oder jenes der Tiere, die ihn herausforderten.

Einer der Herausforderer war der Büffel. Der Büffel sagte: »Ich bin das stärkste und mächtigste Tier, und ich verteile das, was ich zu geben habe, großzügig an alle meine Brüder und Schwestern im Reich der Menschen und der Tiere. Wegen der Reinheit meiner Absichten und meiner Fähigkeit, alle jene zu erneuern, die meine Gaben erhalten, verdiene ich es, Häuptling zu sein.«

Ein anderer Herausforderer war der Adler. Der Adler sagte: »Ich fliege höher als alle anderen beflügelten Wesen. Ich habe schärfere Augen, und im Flug bin ich dem großen

Geist näher als alle anderen in diesem Rat. Wegen meiner Reinheit und Weisheit verdiene ich es, Häuptling zu sein.«

Ein anderer Herausforderer des Bären und seiner rechtmäßigen Stellung als Häuptling war der Kojote. Der Kojote sagte: »Ich bin das klügste aller Tiere. Ich kann überall überleben. Ich habe die Fähigkeit, euch alle Dinge zu lehren, ob ihr nun lernen wollt oder nicht. Wegen des Wachstums, das ich euch bringe, verdiene ich es, euer Häuptling zu sein.«

Der Bär sagte: »Ich habe große Achtung vor meinen Brüdern, die Häuptling zu sein begehren, aber ihr habt keinen Grund, mich aus meiner Stellung zu vertreiben. Ich habe euch stets gut gedient. Ich bin stark und doch immer sanft in meinen Entscheidungen. Ich stelle lange und gründliche Überlegungen an, bevor ich über ein Problem, das sich uns stellt, eine Entscheidung treffe. Ich möchte euch weiterhin so dienen, wie ich es bisher getan habe.«

Nachdem die vier starken Tiere ihre Rede beendet hatten, konnten sich auch alle anderen Tiere zu Wort melden, während der Redestab im Kreis herumgereicht wurde. Als der Stab die Runde gemacht hatte und zum Bären zurückgekehrt war, war deutlich hervorgegangen, daß die Tiere in der Frage nach dem rechtmäßigen Häuptling in gleich große Lager gespalten waren. Eine Übereinstimmung war nicht möglich, und jeder fühlte sich äußerst unwohl, denn es war das erste Mal, daß sich eine so grundlegende Unstimmigkeit unter ihnen aufgetan hatte. Niemand wußte eine Lösung. Alle vier Tiere waren ohne Zweifel mächtig und besaßen eine Medizin, die sie zur Stellung des Häuptlings befähigte.

Während der Ratsversammlung hatten die Tiere bemerkt, daß aus allen vier Himmelsrichtungen starke Winde zu ihnen herabbliesen. Es schien, als wollten sie dem Rat etwas mitteilen. Aber nachdem jeder so sehr damit beschäftigt war, zu beweisen, daß er im Recht war und sein Favorit Häuptling sein sollte, hatte keiner wirklich darauf geachtet.

Als schließlich alle Tiere in Schweigen versunken waren

und sich darauf vorbereiteten, daß der Redestab noch einmal herumgereicht würde, erschien einer der Hüter des Geistes in ihrer Mitte. Er erschien als kraftvoller Mann mittleren Alters, und bei seiner Ankunft blies der Westwind besonders stark.

»Ich bin Mudjekeewis, Hüter des Geistes aus dem Westen. Wohin ich gehe, folgt mir der Westwind. Lange bevor ich geboren wurde, wurde ich dazu bestimmt, Häuptling der Hüter der Himmelsrichtungen zu sein. Wie ihr, Adler, Bär, Büffel und Kojote, waren wir alle, die wir die vier Himmelsrichtungen hüten, stark. Wir waren Kinder derselben Mutter und hatten alle ihre Stärke und Weisheit wie auch die besondere Weisheit unseres jeweiligen Vaters mit auf den Weg bekommen. Aber anstatt darum zu kämpfen, wer nun der Stärkste sei, und somit das Gesetz der Einheit zu bekämpfen, beschlossen wir mit Hilfe unserer Mutter, daß jeder von uns für ein Viertel des Medizinrades die Verantwortung übernehmen sollte, um damit unsere verschiedenen Kräfte am besten einsetzen zu können. Auf diese Weise stärkten wir das Rad in allen Richtungen und erhöhten auch unsere eigenen Kräfte, da wir jetzt eine bestimmte Richtung hatten, in der wir unsere Stärke entfalten konnten. Ich wurde vom Allerhabenen dazu bestimmt, Häuptling zu sein, weil ich stets denke, bevor ich handle, und somit meine Kraft durch Selbstprüfung gemäßigt wird.

Dieser war es auch, der mich hierher sandte, damit ich in diesen Rat eingreife. Wenn man euch zuhört, wird es deutlich, daß es viele Jahre dauern würde, bis ihr eine Einigung erzielen würdet. Während dieser Zeit würde das Gesetz der Einheit zerbrechen, da die Anhänger eines Bewerbers die Anhänger des anderen bekämpfen würden. Das würde euch und euren Verwandten auf der Erde unnötigen Schaden zufügen. Der Große Geist will nicht, daß dies geschieht, und so soll nun jeder von euch vieren seine Kraft mit der Kraft einer der vier Himmelsrichtungen verbinden. Auf diese

Weise werden euch eure Kräfte helfen, das Rad stark zu machen, und jeder von euch wird eine bestimmte Richtung haben, der er folgt. Bär, du wirst dich mit mir, dem Westen, vereinigen, weil du wie ich stark bist und lange nachdenkst, bevor du sprichst. Wenn du mir dienst, wird dein Fell schwarz sein wie die Nacht und mit silbernen Haaren durchzogen – den Sternen zur Ehre. Du wirst Häuptling im Rat der Tiere bleiben, so wie ich Häuptling im Rat der Winde bin.

Büffel, du wirst dich mit der Kraft von Waboose, dem Norden, vereinigen, da du mit ihm die Eigenschaften der Erneuerung und Reinheit teilst. Wenn du Waboose dienst, wird dein Fell weiß sein, von der Farbe des Schnees. Adler, du wirst dich mit der Kraft von Wabun, die aus dem Osten kommt, vereinigen. Mit deiner klaren Sicht wirst du helfen, Erwachen, Weisheit und Erleuchtung herbeizuführen. Wenn du ihr dienst, wirst du goldene Federn tragen – die Farbe der Morgendämmerung. Kojote, du wirst dich mit der Kraft des Südens, mit Shawnodese, vereinigen. Mit deiner Fähigkeit, zu lehren und zu überleben, wirst du helfen, Wachstum und Vertrauen entstehen zu lassen. Wenn du Shawnodese dienst, wird dein Fell die Farbe der Mittagssonne haben, die auf die fruchtbare Erde fällt.

So, meine verehrten Freunde, seid nun zufrieden mit den Gaben der Kraft, die der Große Geist einem jeden von euch gegeben hat. Ein jeder von euch wird am besten in der Richtung dienen, die ihm zugeteilt wurde, und ihr werdet damit alle zur Harmonie der Schöpfung beitragen. Es ist gut so.«

Waboose, Hüterin des Geistes aus dem Norden

Die Kraft des Nordens, von Waboose, ist die Kraft der Erneuerung und der Reinheit. Die Jahreszeit von Waboose ist der Winter, wenn die Erde ruhend in einem scheinbaren Schlaf verharrt. Die Tageszeit von Waboose ist die Nacht, wenn sich die Wesen des Tages im Schlaf, dem kleinen Tod, befinden. Im menschlichen Leben ist die Zeit von Waboose das Alter, in dem das Haar weiß wird wie der Schnee, der Körper einen langsameren Rhythmus annimmt und der Verstand sich reinigt – denn die Gedanken an die Erde haben sich in Gedanken an den Geist verwandelt.

Aber dieser Schlaf ist nur äußerlich. Was geschieht mit den Dingen der Erde im Winter, wenn die Zeit wie festgefroren ist, wenn nichts zu wachsen scheint? Die Samen eines ganzen Jahresablaufs liegen in der Erde begraben, in Ruhe und Läuterung. Hier sammeln sie die Energie, die sie brauchen, um in neues Leben hervorzubrechen, sobald die Wärme von Vater Sonne aus dem Süden zurückkehrt, um Mutter Erde zu erwärmen. Während die Erde an der Oberfläche schläft, entsendet sie ihre tiefsten Energien an all ihre Kinder. In dieser Zeit bereitet sie sie auf die Zeit des schnellen Wachstums vor, die folgen wird.

In der Nacht, in der man von den Gedanken an die materielle Welt ausruht, kommen viele dem Geist näher, als sie es zu irgendeiner wachen Stunde vermögen. Während sie schlafen, lernen viele die Lektionen, die sie nicht lernen können oder lernen wollen, wenn sie wach sind. Während sie von der Welt scheiden, die sie gewöhnlich umgibt, einer Welt, die von äußeren Dingen angefüllt ist, werden sie in der Welt des Geistes, jene Welt, die man ständig in sich trägt, neu geboren.

In einer ähnlichen Weise gelangen die Menschen in ihren späten Jahren zu einer Phase der Ruhe, die es ihnen ermöglicht, ihr Leben und die Lehren, die sie mit auf den Weg bekommen haben, zu betrachten und sich auf das schnelle Wachstum und Lernen vorzubereiten, das stattfinden wird, wenn sie sowohl die Welten als auch die Gestalt gewechselt haben. In diesen Jahren werden die Gedanken zu Träumen von der Jugend. Alle Lektionen des Geistes, die gelernt worden sind, erwachen zu neuem Bewußtsein, während sich die Menschen auf ihre eigene Erneuerung vorbereiten. Die Kraft von Waboose ist eine paradoxe Kraft. Sie ist neues Leben, bedeckt mit dem Mantel des Todes, schnelles Wachstum, bedeckt mit dem Mantel der Rast. Es ist die Kraft der Eisgöttin, unter deren eisbedecktem Äußeren ein warmes Herz schlägt! Es ist die Kraft des neuen Lebens, das in einem scheinbar faulenden Samen zu pulsieren beginnt. Es ist die Kraft des Schnees, der Wasser auf eine trockene und dürstende Erde bringt. Es ist die Kraft des Eises, das große Felsen in kleine Stücke zersprengt. Es ist die Kraft des kalten Windes, der Wasser zu Eis gefrieren läßt. Es ist die Kraft der Bäume, die mit Eiskristallen, die im Nordwind tanzen, bedeckt sind. Es ist die Kraft der Tiere, die sich auf der Suche nach Wärme zusammendrängen und gemeinsam ihre Nahrung erbeuten.

Für Menschen kann die Zeit von Waboose eine Zeit der Prüfung sein. Für jene, die in der Natur leben, ist sie eine Zeit, in der die Kälte einen dazu zwingt, mehr Zeit im Haus zu verbringen und mit den Menschen, mit denen man lebt, enger zusammenzurücken. Es ist eine Zeit der Prüfungen für alle menschlichen Beziehungen, da die erzwungene Nähe Dinge eröffnet, die die Menschen entweder ignorieren oder denen sie entfliehen, wenn das Wetter es erlaubt, mehr Zeit im Freien zu verbringen. Es ist eine Zeit, in der die Kräfte der Natur oftmals alle Pläne umstürzen. Es ist eine Zeit, in der der Nordwind am kältesten bläst – so kalt, daß man es in der Magengrube fühlen kann und sich fragt, ob es jemals wieder warm werden wird. Es ist dies eine Zeit, in der die Natur dich auf dich selbst zurückwirft und dich zwingt, Bereiche zu erforschen, die unter anderen Umständen unerforscht bleiben. Wenn sie auch eine Zeit der äußeren Ruhe ist, ist die Zeit von Waboose doch eine Zeit des inneren Wachstums. Das Tier, das dem Wesen von Waboose verbunden ist, ist der weiße Büffel. In den alten Tagen war der Büffel das Tier, das von seinem Leben gab, um die Menschen am Leben zu erhalten. Wenn sie Fleisch brauchten, gab der Büffel sein Fleisch. Wenn sie Unterkunft brauchten, gab ihnen der Büffel sein Fell für Kleidung und Tipis. Der weiße Büffel war ein sehr seltenes Tier und wurde als heiliger Bote betrachtet. Er stellte den Geist dar, der den Menschen von sich und seinem Wesen alles gab. Es war die Weiße Büffelfrau, die die heilige Pfeife zu den Menschen brachte.

Wie der Geist von Waboose brachte der Büffel sowohl die Erneuerung des Körpers wie auch des Geistes und die Reinheit seiner Anwesenheit, um die Gedanken all jener zu läutern, die ihn sehen. Die Farbe von Waboose ist weiß. Weiß ist die Farbe der Reinheit, des Gleichgewichts, der Lebenserneuerung. Weiß ist die Summe aller Farben und stellt Entwicklung und Vollkommenheit dar. Die Monde des Nordens sind der Mond der Erderneuerung, der Mond der Rast und Reinigung und der Mond der Großen Winde. Menschen, die unter diesen Monden geboren sind, und Menschen, die in diesen Positionen stehen, werden die Eigenschaften von Waboose in sich vereinigen und die Dinge lernen müssen, die diese sie lehren kann: Geduld, Reinheit und Erneuerung.

Alle Menschen der Waboose-Monde tragen überdurchschnittliche Fähigkeiten in sich, in die mystischen Reiche vorzudringen und die Kräfte nutzen zu lernen, die diese Reiche ihnen verleihen können. Es ist für sie ein leichtes, die Heilkunst zu erlernen und andere psychische Kräfte zu entwickeln.

Sie alle teilen die Notwendigkeit, sich fest mit der Erde zu verwurzeln und sowohl ein Teil der Erde wie auch des Himmels zu sein. Sie alle müssen lernen, ihre Emotionen frei fließen zu lassen, um nicht an einen Punkt der Blockierung zu gelangen, an dem eine spirituelle Weiterentwicklung erschwert würde.

Sie alle sind gesellige Menschen, die es gewöhnlich vorziehen, Beziehungen entweder auf einer oberflächlichen Ebene zu halten oder auf einer, in der sie eindeutig die Macht haben. Es fällt ihnen schwer zu lernen, zu anderen Vertrauen zu fassen, obgleich es ihnen keineswegs schwerfällt, andere gern zu haben. Sie haben die Fähigkeit, die Macht der Verjüngung zu erfassen, vorausgesetzt, daß sie sich einer ständigen inneren Reinigung unterziehen.

Die Elementeklans

Die Elementeklans

Der Elementeklan, dem man durch den Zeitpunkt seiner Geburt angehört, besagt, mit welchem Element man am ehesten verbunden ist und für welches Element man eine besondere Verantwortung trägt. Der Elementeklan sagt etwas über die charakteristischen Merkmale aus, die man mit den anderen Vertretern seines Klans teilt – über die Stärken und Schwächen, die man mit ihnen gemeinsam hat. Es gibt, so wie es auch vier grundlegende Elemente gibt, aus denen die Welt gestaltet ist, vier Elementeklans: die Erde, das Wasser, die Luft und das Feuer. Ohne diese Elemente wäre kein Leben möglich. Die Erde mit all ihren Mineralien ist der Grundbaustein des Lebens, wie wir es kennen. Mutter Erde ist die stabile Grundlage, auf der sich das Leben all ihrer Kinder aufbaut. Aus ihrem Zentrum heraus nährt und erhält Mutter Erde großzügig und geduldig alles Wachstum und Leben dieser Welt.

Ohne Wasser könnte nichts existieren, selbst die Erde würde austrocknen, verwittern und von den Winden fortgetragen werden. Ohne den beständigen Fluß des Wassers würde sich die Erde nicht wandeln und verändern, die Luft wäre trocken, und das Feuer würde ungehindert um sich greifen. Die Kinder der Erde würden ohne die besondere Nahrung, die allein das Wasser hervorbringt, zwangsläufig austrocknen und sterben.

Die meisten Erdenkinder brauchen die Luft zum Atmen, um leben zu können. Menschen, Pflanzen und Tiere brauchen alle die in der Luft enthaltenen Bestandteile, um existieren zu können. Das Wasser braucht die Luft, um von einem Ort zum anderen getragen zu werden, und unsere Mutter Erde braucht die Winde der Luft, damit sie in ihrer Stabilität nicht erstarrt. Die Sonne braucht die Luft, damit ihre Strahlen auf die Erde getragen werden, und das Feuer braucht die Luft, um entstehen und fortbestehen zu können.

Ohne das Feuer der Sonne, die auf die Erde scheint, würde alles Leben enden. Es ist die Paarung der Kräfte von Vater Sonne und Mutter Erde, die neues Leben entstehen und fortbestehen läßt. Ohne Feuer würde das Wasser gefrieren, und die Luft wäre kalt. Pflanzen, Tieren und Menschen würden die Wärme und das Licht fehlen, die sie zum Leben brauchen.

Wie stark ist doch die Verbindung der Elemente zueinander und die Verbindung der Menschen zu ihnen und all ihren Verwandten! In der Schwitzhütte forderten die Alten, nachdem sie an jedes Element erinnert hatten, dazu auf, eben diese Verbindung, die Einheit, die uns alle verbindet, zu fühlen. Der Dampf, der entsteht, wenn das Wasser über die glühenden Steine gegossen wird, erfüllt die Schwitzhütte, und die Alten spürten diese Einheit in sich und um sie herum.

Alle Elemente sind für das Leben unerläßlich, und doch neigen viele Menschen dazu, ihre Verbindung zu ihnen und ihre Pflicht, sich für deren Gaben dankbar zu erweisen, zu vergessen. Indem man sich zunächst einmal mit seinem Anfangselement beschäftigt, wird man diese Verbindung wieder fühlen und die Verantwortung, die man dafür trägt, wieder sehen können. Indem man die menschlichen Vertreter der verschiedenen Elemente betrachtet, mit denen man harmonieren oder sich ergänzen kann, erfährt man noch mehr. Denke daran, daß diese Ergänzungen und Verbindungen sich sowohl auf Freunde und Kameraden beziehen wie auch auf Gatten oder Liebende. Auf dieser Reise um das Medizinrad wird dein Wissen stetig zunehmen. Menschen verschiedener Elementeklans sind ebenso voneinander abhängig, wie es die einzelnen Elemente sind. Durch einen Zusammenschluß von verschiedenen Energien kann ein jeder lernen, wachsen und sich verändern.

Wie die Schildkröte half, unser Land zu errichten

Vor langer Zeit blickte der Große Geist auf die Erde nieder, die er gemäß seiner Vision geschaffen hatte, und eine große Traurigkeit überkam ihn. Die Mineralien, die Pflanzen, die Tiere und die Menschen hatten alle das Gesetz der Einheit vergessen, nach dem sie zu leben hatten. Schon die geringfügigsten Anlässe lösten Streit und Uneinigkeit unter ihnen aus. Sie betrachteten die Kräfte und Fähigkeiten, die ihnen gegeben worden waren, als ihren persönlichen Besitz und verhielten sich dementsprechend. Eifersucht, Haß und Gier schien ihr Leben zu bestimmen. Der Große Geist beschloß, daß es auf der Erde so nicht weitergehen konnte. Er versuchte den Erdenkindern zu übermitteln, daß sie andere, bessere Pfade einschlagen sollten, aber nur wenige der Materialien, Pflanzen und Tiere hörten auf seine Botschaft, und die Menschen stellten sich taub. So beschloß er, all jene, die ihn nicht hören wollten, in andere Reiche zu entsenden, wo sie ihn hören und ihre Lektionen lernen würden. Er rief alle Geister des Wassers zusammen und schickte sie hinab auf die Erde. Der große Regen setzte ein und ergoß sich in Strömen über die ganze Erde. Die Fluten stiegen auf und überschwemmten das ganze Land. Nur die Mineralien und ein paar Pflanzen und Tiere überlebten.

Und doch verspürte der Große Geist eine tiefe Traurigkeit, denn eine Erde ohne Menschen war nicht die Erde, die die Vision, die er erhalten hatte, erfüllen konnte.

Hoch in den Wolken lebte eine Frau des Geistes, die einst auf der Erde geweilt hatte. Da fast alles Leben auf der Erde verschwunden war, gab es nichts mehr für sie zu beobachten und niemanden, dem sie helfen konnte, und so überkam sie eine große Traurigkeit. Sie bat den Großen Geist, ihr einen Mann des Geistes zu senden. Dies geschah, und sie taten sich zusammen und zeugten ein Kind. Der Mann des Geistes nahm nun, da er seinen Zweck erfüllt hatte, seinen Abschied und ließ sie alleine im Himmel zurück.

Auch die Tiere auf der Erde waren einsam und sehnten sich nach der Kameradschaft, die sie in vergangenen Zeiten, als das Gesetz der Einheit noch befolgt worden war, mit den Menschen erfahren hatten. Sie sahen die Frau im Himmel und beschlossen, sie auf die Erde einzuladen. Aber sie waren unsicher, denn sie wußten, daß die Frau Land brauchen würde, um gehen zu können, und damals stand noch alles unter Wasser. Während sie auf einigen Felsen, die aus dem Wasser herausragten, im Rat zusammensaßen und überlegten, was sie tun sollten, kam die Riesenschildkröte und streckte den Kopf aus dem Wasser.

»Freunde«, sagte die Riesenschildkröte, »ich habe einen großen, starken Rücken. Vielleicht würde die Himmelsfrau zu uns kommen, wenn ich ihr meinen Rücken als Unterkunft anbieten würde.« »Wunderbar«, sagte der Bär, der Häuptling der Versammlung. »Das wäre die perfekte Lösung. Wir werden sie bitten, zu kommen und bei uns zu bleiben und ihre Kinder hier zur Welt zu bringen, damit sie mit uns aufwachsen und schon in jungen Jahren die Harmonie erlernen können, in der wir leben sollten. Und vielleicht werden sie es wiederum ihre Kinder lehren.«

So hob die Schildkröte ihren Rücken aus dem Wasser, und die Tiere verließen alle ihre Felsen und kletterten auf diese neu entstandene Insel. Sie rannten und hüpften und sprangen darauf herum, denn sie waren glücklich, wieder genügend festen Grund unter den Füßen zu haben. Auch wollten sie sich davon überzeugen, daß dies der Schildkröte keinen Schaden zufügen würde, denn sie wußten, wieviel mehr Unruhe und Bewegung die Menschen mit sich bringen würden. Als sie befriedigt feststellten, daß es ein guter Platz war, riefen sie die Himmelsfrau an und baten sie, herunterzukommen und bei ihnen zu leben. Sie nahm glücklich das Angebot entgegen, denn sie wußte, daß sie von nun an nicht mehr einsam sein würde.

Als sie herabkam, schritt sie den ganzen Rücken der Schildkröte ab und erkannte, daß es ein wirklich schönes und geräumiges Zuhause war. Dies beanspruchte viele Tage, denn die Schildkröte war sehr groß. Als sie wieder zu ihrem Ausgangspunkt im Osten zurückgekehrt war, sagte sie: »Schildkröte, du bist ein tapferes und starkes Tier, daß du mir und allen Menschen, die von mir und meinen Kindern abstammen werden, deinen Rücken anbietest. Wenn du jedoch für immer meine Heimstätte bleiben willst, wirst du nie wieder Gelegenheit haben, die Dinge zu tun, die einer Schildkröte bestimmt sind, und so will ich dir helfen. Tiere des Ozeans, geht und sucht das Land auf dem Grund des Ozeans und bringt etwas davon zu mir herauf.«

Alle Wassertiere tauchten unverzüglich hinunter und machten sich auf die Suche. Einigen von ihnen gelang es, einige Krümel Erde heraufzutauchen, aber es reichte bei weitem nicht aus. Als sie schließlich alle schon fast aufgegeben hatten, tauchte die Bisamratte mit einem ganzen Mund voll Schlamm auf und legte ihn der Himmelsfrau zu Füßen, bevor sie erschöpft zusammenbrach. Nachdem diese mit ihrer Medizin die Bisamratte wieder ins Leben zurückgerufen hatte, nahm sie die Erde und schritt noch einmal den ganzen Rücken der Schildkröte ab, wobei sie überall Erde fallen ließ. Als sie an ihren Ausgangspunkt zurückgekommen war, blies sie den Atem des Lebens über die Erde, und diese vervielfältigte sich und bedeckte schließlich den ganzen Rücken der Schildkröte.

»Schildkröte«, sagte die Himmelsfrau, »du kannst nun zu deinem Pfad zurückkehren. Aber zur Ehre des Opfers, das du uns so bereitwillig gebracht hast, soll dieses Land ›Schildkröteninsel‹ genannt werden, und obgleich du eher ein Wesen des Wassers bist, wird man deiner auch als Wesen dieses Landes – dieses Teils der Erde – gedenken.«

Und so wurde die Schildkröte zum Tier-Totem des Erdklans.

Schildkrötenklan (Erde)

Jene, die dem Elementeklan der Schildkröten angehören, verfügen über die Stabilität, die aus der Verbindung mit dem ersten und festesten der Elemente, der Erde, hervorgeht. Sie sind in dem Element verwurzelt, das uns alle von dem Moment unserer Geburt an erhält. Wie die Erde neigen auch sie dazu, für alle jene zu sorgen, mit denen sie in Berührung kommen. Wenn sie sich an einem Platz oder in einer Situation niederlassen, entsenden sie sofort ihre Wurzeln und sorgen für einen festen Grund, auf dem man bauen kann.

Schildkröten-Menschen sind in der Regel der Grundstein für ihre Familien, Geschäfte und Freunde. Sie sind sehr treu. Haben sie sich einmal für etwas entschlossen, fällt es ihnen sehr schwer, ihre Meinung zu ändern. Sie sind beständig in ihren Meinungen, Idealen und Ideen. Aufgrund dieses Wesenszuges können sie für ihre Mitmenschen sowohl eine tiefe Quelle der Sicherheit wie auch der Frustration sein. Auf die Freundschaft von Vertretern des Schildkrötenklans kann man stets bauen – es sei denn, man tut etwas, was einem Ideal, das sie mehr pflegen als eine Freundschaft, entgegenwirkt. Aber wehe, man verspricht einem Schildkrötenklan-Freund etwas und überlegt es sich dann aus irgendeinem Grund anders! Da Schildkrötenklan-Menschen stets ihr Wort halten, haben sie für andere, denen dies nicht möglich ist, keinerlei Verständnis.

Das heißt nicht, daß alle Schildkrötenklan-Menschen in allem, was sie tun, unerbittlich hart sind. Dies gilt nur für einige Vertreter dieses Klans, aber es ist etwas, wovor sich jeder von ihnen hüten sollte. Andere verkörpern jedoch wie die Erde sowohl das Konzept des Wachstums wie der Stabilität. Schildkrötenklan-Menschen werden, sobald sie selbst verwurzelt sind, ihren Freunden, Geschäften und Ideen zum Wachstum verhelfen. Das Wachstum, das sie in die Wege leiten, ist solides, konstruktives und geregeltes Wachstum. Sie neigen eher dazu, einen Schritt nach dem anderen zu tun, als in einem Ausbruch von Intuition ungestüm nach vorne zu stürmen. Wie die Erde möchten auch sie den Samen der Veränderung erst sprießen sehen, bevor er wächst, Blüten trägt und selbst wieder Samen hervorbringt. Aufgrund ihres langsamen Wachstums sind die Veränderungen, die sie herbeiführen, Veränderungen von eher dauerhafter Art und für gewöhnlich konstruktiv. Wenn man ein neues Projekt angeht, sollte man versuchen, zumindest eine Person aus dem Schildkrötenklan mit einzubeziehen, um sicherzugehen, daß das Vorhaben so gut vorankommt wie möglich.

Mitglieder des Schildkrötenklans scheinen manchmal wie ihr Tier-Totem – langsam oder sogar schwerfällig – zu sein, aber dies ist oft nur ein äußeres Trugbild. Wie die Schildkröte sind sie intelligent und geschickt und gewinnen in den allermeisten Fällen das Rennen – gegen welchen Hasen sie auch immer antreten. Schildkrötenklan-Menschen erreichen gewöhnlich jedes Ziel, das sie sich in den Kopf gesetzt haben, indem sie einfach auch dann noch weitermachen, wenn ihre Mitbewerber schon längst aufgegeben haben.

Schildkrötenklan-Menschen sind, wie die Erde, gute Eltern. Aber sie können auch sehr starre Vorstellungen über die Erziehung ihrer Kinder haben. Sie beunruhigen sich – häufig völlig unnötig – über Situationen, über die sie keine Kontrolle zu haben scheinen. Als Eltern kennzeichnet sie ihre beschützende Hand und ihre methodische Vorgehensweise. Sie verstehen es nicht, wenn ihre Kinder sich völlig unberechenbar verhalten, und werden oft versuchen, sie in das Muster hineinzudrängen, das zwar ihnen, aber nicht ihren Kindern behagt. Sie lieben ihre Kinder aufrichtig und werden stets zur Stelle sein, gleich, wie alt diese sein mögen. Sie müssen sich hüten, nicht der Versuchung zu erliegen, die vollständige Kontrolle über das Leben ihrer Kinder zu übernehmen.

Schildkrötenklan-Kinder können in jungen Jahren den Anschein erwecken, langsamer als ihre Altersgenossen zu sein, aber dank ihrer Beharrlichkeit werden sie diesen Vorsprung bald aufgeholt haben oder jene sogar hinter sich lassen. Sie sind Kinder, die Stundenpläne und feste Verhaltensregeln brauchen, um glücklich sein zu können, und sind stabile, intelligente und glückliche kleine Menschen, wenn sie diese erhalten.

Wie die Schildkröte der vorangegangenen Geschichte neigen auch die Schildkrötenklan-Menschen zu aufopferndem Verhalten. Wenn sie einen Platz entdecken, an dem sie von großer Hilfe sein können, werden sie danach streben, diesen auszufüllen, auch wenn dies bedeutet, daß sie die Dinge aufgeben müssen, die ihnen im Leben zu tun bestimmt sind. Aufgrund ihrer Tapferkeit und Ausdauer finden sie es schwierig, sich aus Situationen herauszuziehen, die sich als unhaltbar erweisen. Das kann sie manchmal zu Märtyrern für eine Sache oder eine Person machen, von der sie sich hätten längst abwenden sollen.

Da die Schildkrötenklan-Menschen die Erde repräsentieren, tragen sie auch für diese Verantwortung. Sie empfinden im allgemeinen einen starken Einklang mit der Natur und sind unglücklich, wenn sie nicht häufig Gelegenheit haben, sich in der freien Natur zu bewegen. Dies erneuert und belebt ihren Geist, und Schildkrötenklan-Menschen sehen nach solchen Ausflügen stets jünger und glücklicher aus. Natürlich sind Schildkrötenklan-Menschen hervorragende Gärtner und umgeben sich gerne mit Pflanzen. Wenn sie Land besitzen, wird man stets sagen können, welche Gärten die ihren sind, da diese üppig und schön wachsen werden. Wenn sie in Städten leben, umgeben sie sich mit herrlichen Pflanzen, so daß man beim Betreten ihres Heimes den Eindruck gewinnt, in einen Dschungel einzudringen. Jene Menschen, die sich in einer Schildkrötenklan-Position oder -Stimmung befinden, werden eine grünere Hand haben als je zuvor in ihrem Leben. Ja, man muß, um ein guter Gärtner zu werden, durch mindestens eines der Schildkrötenklan-Zeichen hindurchgegangen sein.

Schildkrötenklan-Menschen tragen eine starke Verantwortung für die Mutter Erde. Da sie der Ursprung ihres Seins ist, müssen sie ihrer stets gedenken. Sie müssen sich die Zeit nehmen, die Erde voller Wertschätzung zu betrachten. Und wenn sie diesen Anblick genießen, sollten sie daran denken, der Erde von ganzem Herzen dafür zu danken, daß sie sie und ihre Verwandten auf so wunderbare Weise erhält. Schildkrötenklan-Menschen stehen auch in Verbindung mit Steinen, und sie sollten sich die Zeit nehmen, die Felsenformationen, die sie entdecken, zu bewundern und dafür dankbar zu sein, daß es sie gibt. Sie sollten auch einige der Steine, zu denen sie sich in besonderer Weise hingezogen fühlen, mit nach Hause nehmen, da dies ihnen helfen wird, ihre Verbindung zum gesamten Universum intensiver zu spüren. Schildkrötenklan-Menschen werden entdecken, daß diese Steine zu ihnen sprechen können, wenn sie sich die Zeit nehmen, ihnen zuzuhören.

Eine der Botschaften, die ihnen die Steine vielleicht übermitteln werden, ist die Warnung, sich ihnen nicht allzu stark anzugleichen. Das mag die tiefste potentielle Fallgrube für Angehörige des Schildkrötenklans sein: versteinert, halsstarrig und unbeweglich zu werden. Wenn dies geschieht, schneiden sich Schildkrötenklan-Menschen vom Fluß des Lebens völlig ab und unterbrechen damit den Energiefluß des Wachstums, der auch durch sie hindurchströmt. In einem solchen Fall sind Schildkrötenklan-Menschen für Krankheiten anfällig, die physische Versteifungen auslösen: Arthritis, Rheumatismus, chronische Rückenschmerzen und andere Leiden, die von steifen Muskeln und Knochen herrühren.

Schneegans-, Biber- oder Braunbär-Menschen sind jene, die im Zeichen des Schildkrötenklans geboren wurden. Aus diesem Grund wird die Erde stets eine große Anziehungskraft auf sie ausüben, in welcher Position auf dem Rad sie sich auch immer befinden. Damit sie ein glückliches und erfülltes Leben erfahren, werden sie lernen müssen, sich diese Anziehungskraft einzugestehen und ihr Leben so einzurichten, daß sie stets mit der Erde verwurzelt bleiben. Jene Menschen, die unter anderen Totems geboren sind, werden auf ihrer Reise um das Rad die Schildkrötenklan-Zeichen durchwandern und in dieser Zeit die Stabilität, Beharrlichkeit und Fürsorglichkeit derer erfahren, die im Zeichen des Schildkrötenklans zur Welt kamen.

Frosch – Schildkröte (Wasser – Erde)

Betrachtet man die Beziehung der Erde zum Wasser und die des Wassers zur Erde, so ist es leicht zu erkennen, wie die Angehörigen der Schildkröten- und des Froschklans einander ergänzen können. Ohne die feste Grundlage der Erde könnte das Wasser nicht fließen. Ohne den Fluß des Wassers würde die Erde niemals ihre Erscheinungsform oder Energiemuster verändern und innerhalb kürzester Zeit austrocknen, zerfallen und vom Wind abgetragen werden.

Ähnlich verhält es sich auch mit den Angehörigen der Frosch- und des Schildkrötenklans. Schildkrötenklan-Menschen geben mit ihrer soliden, stabilen Energie ein gutes Fundament ab – manchmal ein allzu gutes. Kommt nun ein Angehöriger des Froschklans mit seinem beständig fließenden Kraftstrom des Weges, wird er jeden noch so kleinen Riß in diesem Fundament entdecken, durch das er hindurchfließen kann, und jenes Fundament sich verändern und mit der Zeit neue Formen annehmen lassen. Ohne die Wirkung des Wassers, das ständig über die Erde hinwegspült, würde diese vielleicht nie ihre Gestalt oder Strukturen ändern. Sie würde zu fest und unveränderbar werden. Was wären jedoch die Angehörigen des Froschklans ohne die von den Schildkröten-Menschen errichteten Fundamente? Ihre Energie würde sich ohne diesen Kanal, der sie auffangen kann, sinnlos in alle Richtungen ergießen. Durch das Fehlen einer Richtung würde ihnen auch jene Kraft abhanden kommen, die ein Mensch oder ein Projekt durch eine Richtung erhält. Sie wären Gefangene der Gefühle, die so schnell in ihnen aufwallen, und nie in der Lage, diese zu kontrollieren oder zu lenken. Was würden die Schildkrötenklan-Menschen tun? Sie würden ihre Wurzeln so fest in den Boden verankern, daß sie sich niemals mehr von der Stelle rühren könnten. Sie wären Gefangene ihrer eigenen Stabilität und ihrer eigenen Fundamente.

Die Menschen dieser beiden Elementeklans bieten einander den Ausgleich, der bei den tatsächlichen Elementen Erde und Wasser gegeben ist. Ist es auch denkbar, daß das Element Erde ohne Wasser existieren könnte, so würde das Land doch einen entsetzlich trockenen und dürren Anblick bieten! Und während man sich auch einen riesigen Wasserball, der durch das All spritzt, vorstellen könnte, so wäre dies doch eine völlig formlose Erscheinung! Gemeinsam rufen Erde und Wasser jedoch durchaus angenehme Bilder in der menschlichen Vorstellung hervor: Meereswellen, die gegen das Ufer schlagen, mächtige Flüsse, die sich durch die Berge hindurcharbeiten, sanfte Bäche, die sich durch die Wälder schlängeln, und stille Seen, in denen sich die Bäume spiegeln.

Schildkrötenklan- und Froschklan-Menschen ergeben erfreuliche Kombinationen, die sich für sie und ihre Mitmenschen als fruchtbar erweisen. Während es Zeiten der Unstimmigkeit geben wird, wenn das Wasser auf einen besonders felsigen Untergrund auftrifft oder wenn die Erde versucht reißendes Wasser zu kanalisieren, werden die Beziehungen zwischen Menschen dieser Klans dennoch allen, die darin verwickelt sind, zu Wachstum verhelfen.

Da Froschklan-Menschen ein so gutes Einfühlungsvermögen haben, werden sie den Sinn für Treue verstehen, den Menschen des Schildkrötenklans verspüren müssen, bevor sie eine Beziehung eingehen. Sie wissen, wie notwendig es für sie ist, zu ihrem Wort zu stehen, und werden in der Lage sein, sowohl die Wachsenden wie auch die unveränderlichen Bestandteile im Wesen des Schildkröten-Menschen widerzuspiegeln, und ihre Freunde damit zwingen, darauf zu achten, daß sie sich in den Bereichen verändern, in denen dies wünschenswert und sinnvoll ist. Sie werden einen wichtigen Beitrag dazu leisten, jene Blockierung zu beseitigen, die den Kräftefluß des Schildkrötenklan-Menschen zum Stehen bringt. Ebenso können sie den Fluß der Emotionen anregen und in Bewegung halten.

Andererseits sind die Schildkrötenklan-Menschen in der Lage, ihre Froschklan-Freunde davor zu bewahren, daß deren Energie- und Emotionsfluß so stark wird, daß sie niemals etwas zu Ende führen können. Dank ihrer Intelligenz, Zähigkeit und ihrem Geschick können sie ihren Froschklan-Freunden helfen, neue Ideen in die Tat umzusetzen und auf eine solide Grundlage zu stellen, sowie sie in Zeiten, in denen ihre Froschklan-Freunde versuchen, zu neuen Ufern vorzudringen, am Leben zu erhalten. Ihre starre Haltung ist genau das, was erforderlich ist, um in Zeiten, in denen der Energiefluß der Froschklan-Freunde blockiert ist, einen Durchbruch in dessen emotionalen Damm zu schlagen.

Beziehungen zwischen Angehörigen dieser Klans können im emotionalen Bereich gut funktionieren, da die einfühlsame Natur der Froschklan-Menschen genug Sicherheit bietet, um sich öffnen zu können. Umgekehrt gibt die Stabilität von Schildkrötenklan-Menschen den Froschklan-Menschen die Sicherheit, um die aufgestauten Bereiche ihres eigenen emotionalen Wesens zu erforschen. Da die Menschen beider Klans nicht allzu direkt und energisch sind, geben sie den anderen Raum, sich zu öffnen und ihre Gefühle im eigenen Tempo zu erforschen. Dies ist von wesentlicher Bedeutung, da die Menschen beider Klans eine direkte Konfrontation als Angriff empfinden und sich demgemäß verschließen.

Wenn Menschen bei ihrer Reise um das Rad die Froschklan- und Schildkrötenklan-Position durchwandern, werden auch sie entdecken, daß sie von Beziehungen mit Klan-Angehörigen, die sich mit ihnen ergänzen, profitieren werden. Diese Beziehungen werden auch für das Wasser und die Erde von Nutzen sein, da sie Froschklan- und Schildkrötenklan-Menschen dazu verhelfen, ihre Kräfte zum Dank an die Elemente, die ihr Sein und Dasein mitgestalten, gut zu verbinden.

Schmetterling – Schildkröte (Luft – Erde)

Angehörige der Schmetterling- und Schildkrötenklans sind sich in vieler Hinsicht gegensätzlich. Schmetterlingklan-Menschen sind immer in Bewegung, während Schildkrötenklan-Menschen die Stabilität der Erde besitzen. Das kann eine durchaus nützliche Kombination sein, wenn sich die Beteiligten der Unterschiede bewußt sind, die es zu überbrücken gilt.

Während Froschklan-Menschen die Härten der Schildkrötenklan-Menschen durch ihren bewegten Energiefluß auszugleichen wissen, ist dies den Schmetterlingklan-Menschen nicht möglich, da der Fluß ihrer Kräfte zu unbeständig ist. Wenn Schildkrötenklan-Menschen die Angehörigen des Schmetterlingklans mit tragfähigen, erdverbundenen Kanälen ausstatten, ziehen diese es häufig vor, das Weite zu suchen, bevor sie sich an die Erde binden lassen.

Ebenso wie die Winde die Erde verändern, können Schmetterlingklan-Menschen Schildkrötenklan-Menschen zu Wachstum verhelfen, wenn sie ihre Wärme bewahren und scheinbar spielerisch eine Verhärtung nach der anderen wegblasen. Ebenso wie die Erde den Wind in Höhlen fängt, können Schildkrötenklan-Menschen helfen, Schmetterlingklan-Menschen eine Richtung zu weisen, sofern sie sich ihnen öffnen und es ihnen erlauben, zu kommen und zu gehen, wie sie es wünschen. Damit Beziehungen zwischen diesen Klans produktiv sein können, müssen die Beteiligten lernen, entspannt und spielerisch miteinander umzugehen. Wenn Schmetterlingklan-Menschen wieder einmal viel Wind um nichts aufwirbeln, müssen Schildkrötenklan-Menschen lernen, sich nicht gelangweilt oder verärgert abzuwenden. Wenn Schildkrötenklan-Menschen versuchen, Schmetterlingklan-Menschen ein Gefühl für Stabilität, Richtung oder Bestimmung aufzuzwingen, müssen diese lernen, zuzuhören und sich dem nicht einfach zu entziehen. Beziehungen zwischen Angehörigen dieser Klans verlangen von Anfang an Sanftmut und einen Sinn für Humor.

Wenn ihnen ein guter Anfang gelingt, wird es sich für alle Beteiligten nur vorteilhaft auswirken, da sie voneinander eine Menge lernen können. Die Angehörigen des Schmetterlingklans werden lernen, sich Stabilität, Richtung und Treue anzueignen. Sie werden die Wirkung, die aktive Energie auf sie hat, entdecken, und manchmal werden sie erstaunt sein über die Veränderung, die in einem solchen Fall eintreten kann.

Da beide Teile es genießen, anderen zu dienen, werden ihre vereinten Energien jedem, mit dem sie zu tun haben, von großem Nutzen sein, indem sie diese unterstützen und zugleich gestatten, sich zu verändern. Da die Menschen beider Klans intelligent sind, werden sie gewöhnlich die gegenseitigen Standpunkte respektieren, selbst wenn sie darüber verschiedener Meinung sind, wie schnell neue Ideen verwirklicht werden sollten. Beziehungen zwischen Menschen dieser Klans werden auch der Erde zugute kommen. Ohne die Luft und ohne die Winde können die Samen auf der Erde nicht befruchtet werden und sich weder ausbreiten noch wachsen. Ohne die Erde wäre der Wind eine bloße Kraft, die völlig richtungs- oder sinnlos durch den leeren Raum heulen würde.

Donnervogel – Schildkröte (Feuer – Erde)

Angehörige der Donnervogelklans und Schildkrötenklans sind sich in ihrer Wesensart in vielen Dingen ähnlich. Während Donnervogelklan-Menschen ein weitaus aktiveres Leben führen als Schildkrötenklan-Menschen, besitzen doch beide die Stabilität, die ihnen ein starker innerer Kern verleiht. Aufgrund dieser Ähnlichkeiten spiegeln sie gegenseitig wie die Angehörigen der Schmetterling- und Froschklans häufig jene Wesenszüge in sich wider, die sie selbst nur schwer akzeptieren und mit denen sie schlecht umgehen können. Dies mag am Anfang einer jeden Beziehung zwischen den Menschen dieser Klans Unstimmigkeiten größeren Ausmaßes hervorrufen, aber wenn sie dieses anfängliche Unbehagen überstehen, kann die Beziehung für beide Beteiligten zu etwas sehr Positivem heranwachsen.

Im Innersten der Erde glüht das Feuer – das Licht der Erde –, das in seinem Wesen dem Licht der Sonne ähnelt. Ohne diesen Kern aus Licht wäre die Erde kein lebendiges Wesen. Ohne das Licht von Vater Sonne würden alle Erdenkinder zu wachsen aufhören. Ohne die Erde, auf die die Sonne ihre wärmenden Strahlen niederschickt, könnte die Sonne ihre Bestimmung nicht vollständig erfüllen. Ohne Erde hätte das Feuer keine Nahrung. Sonne und Erde brauchen einander, um die Bestimmung ihres Daseins zu erfüllen.

Ebenso verhält es sich mit den Menschen dieser beiden Klans. Schildkrötenklan-Menschen benötigen mit ihrer soliden Stabilität die Wärme der Sonne, um sich bewegen zu können und nicht zu erstarren. Donnervogelklan-Menschen hingegen brauchen die solide Grundlage der Schildkrötenklan-Menschen, damit ihr Feuer hell genug brennt. Während sie beide in ihrem Wesen gleichermaßen stabil sind, ist doch die Erde stabiler als das Feuer.

Von ihren Donnervogelklan-Freunden können die Schildkrötenklan-Menschen lernen, Veränderungen weniger furchtsam entgegenzusehen, einen klareren Blick für sich und ihre Umwelt zu gewinnen und die Dinge rascher anzugehen. Sie können warmherziger, durchdringender und optimistischer werden. Umgekehrt können Mitglieder des Donnervogelklans lernen, wie vorteilhaft es sein kann, zu seinem Wort zu stehen und bei einem Projekt zu bleiben, selbst wenn es schon in Gang ist. Sie können lernen, sowohl etwas einzuleiten wie es auch in Gang zu halten, und die Freude zu erfahren, die daraus erwachsen kann, sowohl zu dienen wie auch zu führen.

Beziehungen zwischen Menschen dieser Klans neigen dazu, nach anfänglichen Mißverständnissen beständig zu wachsen. Sie können die stabilsten aller Elemente-Beziehungen sein, wenn sie während ihres Wachstums gut genährt werden. Durch diese Verbindung werden Schildkrötenklan-Menschen den Kern der Kraft entdecken, der die Grundlage ihres Seins ist, während Donnervogelklan-Menschen lernen werden, all ihr Handeln auf stabilere Grundlagen zu stellen.

Kombinationen von Mitgliedern gleicher Klans

Angehörige der gleichen Elementeklans teilen in der Regel die grundlegenden Wesenszüge, die ihnen ihr Element gibt. Aus diesem Grund werden sie einander auch leicht verstehen können. Sie werden Vorlieben und Abneigungen wie auch Stärken und Schwächen teilen. Sie neigen dazu, häufig miteinander in Kontakt zu treten, da sie sich gerne an den gleichen Plätzen aufhalten. Sie werden sich auch ohne Schwierigkeiten über die meisten oberflächlichen Angelegenheiten einigen können.

Ihre Ähnlichkeiten können jedoch tiefere Beziehungen erschweren. Wenn Menschen desselben Klans sich füreinander öffnen, erkennen sie im anderen ihre Stärken und Schwächen. Es ist niemals angenehm, einen Zug, den man an sich selbst nicht liebt, in jemand anderem vergrößert widergespiegelt zu sehen. Wenn man diesen Zug nicht gelernt hat zu akzeptieren und damit umzugehen, wird es nichts geben, was einen anderen mehr stören könnte. Wenn man nicht bereit ist, mit seinen Schwächen umzugehen, wird man es mit der Zeit hassen, mit jemandem zusammenzusein, der einen beständig daran erinnert. Wenn man mit jemandem vom selben Elementeklan an diesem Punkt anlangt, wird man sich entscheiden müssen, ob man damit anfangen will, an sich selbst zu arbeiten oder der Beziehung auszuweichen.

Aufgrund dieses »Spiegeleffektes« sind Beziehungen innerhalb der gleichen Klans oft äußerst schwierig, wenn die daran Beteiligten einander wirklich nahekommen wollen. Wenn sie jedoch bereit sind, an sich zu arbeiten, können diese Beziehungen von großem Wert sein. Sind sie jedoch nicht bereit, an einer Veränderung zu arbeiten, so wird es notwendig sein, sich voneinander zurückzuziehen. Es gibt jedoch bei Beziehungen zwischen Angehörigen des gleichen Klans auch sehr angenehme Verbindungen, solange sie sich auf eine unverbindliche Basis beschränken. Menschen desselben Klans werden leicht Übereinstimmung darüber erzielen, was zu tun ist und wohin die Reise gehen soll.

Gleich zu gleich gesellt sich gerne in der Natur: Alles Irdische kehrt zu seiner Quelle zurück. Regenwolken fühlen sich zu Gewässern hingezogen. Winde fühlen sich dort hingezogen, wo andere Winde ihnen vorangegangen sind. Ein Feuer verbindet sich mit einem anderen Feuer, um noch größere Flammen ins Leben zu rufen. Wie die Elemente können Menschen desselben Klans der Erde und ihren irdischen Verwandten viel Gutes bescheren, wenn sie sich zusammenschließen und gut zusammenarbeiten. Um dies tiefgreifend zu verwirklichen, müssen sie jedoch zuerst Willens sein, die nötige Arbeit an sich selbst zu tun.

Auf der Reise um das Medizinrad

Auf der Reise um das Medizinrad

Das Medizinrad ist in zwölf Monde oder Monate eingeteilt und beginnt am 22. Dezember mit dem Mond der Erderneuerung. Bei einem dieser zwölf Monde trittst du deine Reise an. Deine Ausgangsposition teilt dir die Kräfte, Lehren und Prüfungen einer bestimmten Totemfolge zu. Ebenso setzt sie deinen ursprünglichen Elementeklan und Hüter des Geistes fest.

Durch die Lehren, die diese für dich bereithalten, erweiterst du deine Kenntnisse über deine vielfältigen Beziehungen auf Mutter Erde. Du kannst etwas über deinen Mond, deine Totems, deinen Klan und deinen Hüter des Geistes lernen, indem du die Mineralien, Pflanzen, Tiere, Elemente und Winde, die diese Verbindung teilen, betrachtest und darüber auch liest. Du bist einzigartig und wirst aus diesem Grunde einige charakteristische Merkmale mit ihnen teilen – jedoch bei weitem nicht alle.

Im Verlauf deines Lebens wirst du vielleicht bemerken, daß dein ursprüngliches Totem nicht mehr auf dich zu passen scheint. Vielleicht bist du als Puma eingetreten, fühlst jedoch zu einem gewissen Zeitpunkt keine Verbindung mehr zu diesem Tier. Wenn du aber einen Roten Habicht am Himmel erblickst, steigt dein Geist mit ihm auf. Du fängst an die Führung über einige Projekte zu übernehmen, mit denen du zu tun hast. Du bemerkst, daß du offener und direkter sprechen kannst und weniger Hemmungen vor anderen hast. Das alles bedeutet, daß du um das Rad herumgeschritten bist. Du befindest dich nicht mehr auf dem Platze des Puma. Du entsprichst nun dem Mond der Knospenden Bäume und hast den Roten Habicht als Tier-Totem. Du bist einmal um das Medizinrad herumgeschritten und stehst nun einer ganz neuen Anordnung von Helfern gegenüber.

Da das Medizinrad auf dem Kreislauf der Sonne basiert, reist man gewöhnlich in die Richtung des Sonnenlaufes. Dies ist jedoch nicht die einzig mögliche Art zu reisen. Jemand, der beim Mond der Wiederkehrenden Frösche in das Rad eingetreten ist, kann sich z. B. als nächste Position im Zeichen des Erntemondes wiederfinden, mit dem Totem des Braunbären, der Farbe purpur und dem Amethyst als Mineral. Das bedeutet, daß er das Rad bereist, indem er von einem Mond des Schildkröten-Elementeklans zum nächsten wandert. Erwartungsgemäß wird er als nächstes in die Position der Schneegans-Menschen treten.

Andere Menschen werden vielleicht das Rad bereisen, indem sie von einer Position zur jeweils ergänzenden Position überwechseln, wie es Otter-Menschen tun würden, wenn sie sich in der Stellung der Stör-Menschen wiederfinden. Wieder andere können das Rad aufs Geratewohl bereisen. Niemand kann dir sagen, wie du das Rad bereisen sollst, obgleich dir andere vielleicht helfen können, die Position zu verstehen, die du in der Vergangenheit eingenommen hast, sowie jene, denen du dich in der Zukunft vielleicht noch nähern wirst.

Es spielt keine Rolle, in welcher Richtung du auf dem Rad reist, solange du nur in Bewegung bleibst. Du kannst dein eigenes Wachstum nur dann anhalten, wenn du an den Kräften einer Position festhältst und dich weigerst, sie wieder loszulassen. Wenn du dies tust, blockierst du deine eigenen Kräfte und erschwerst es deiner Umwelt, ihre Reise fortzusetzen.

Wenn du dich weigerst, eine Position zu verlassen, sobald du ihre Lektion abgeschlossen hast, so blockierst du die Reise eines anderen, der für sein eigenes Wachstum auf deine Position nachrücken muß. Während jeder Mensch um seinen Platz erfährt und dessen Lektion erlernt, bewegt er sich um das Rad weiter. Während wir uns öffnen, um zu geben und zu empfangen, erweitern wir uns, bis es nichts mehr in unserem Bewußtsein gibt als das Medizinrad, das selbst zum Universum wird und uns auf der Suche nach fernen Wahrheiten hilft.

Wenn du bei deinem Anfangstotem stehst, lernst du zuerst zu beten und bittest darum, etwas über die Kräfte deines Totems zu erfahren. Wenn du einmal dein Ego beiseite läßt, bist du in der Lage, die Gedanken und Gefühle, innerhalb deren sich das spezielle Totem zu den natürlichen Kräften verhält, zu erfahren. Hier angelangt verharrt dein Körper, aber dein Herz und dein Geist sind frei, aufzusteigen, um die Welt als Schneegans, Otter, Puma, Roter Habicht, Biber, Hirsch, Specht, Stör, Braunbär, Rabe, Schlange oder Wapiti zu erleben. Du teilst die Kraft jener Geschöpfe und wächst mit ihnen mit.

Manchen Menschen ist es möglich, das Rad in einem Leben zu bereisen, andere werden dazu länger brauchen. Für manchen ist es ausreichend, das Rad ein einziges Mal zu umwandern, andere werden es mehrmals tun müssen. Das Leben ist ein Kreis, der spiralenförmig sowohl in die Höhe wie in die Weite verläuft. Es gibt viele Ebenen von Lektionen, die ein jeder von uns auf seiner Reise durch das Leben zu lernen hat. Wir sind alle einzigartig und müssen das Medizinrad auf unsere eigene Weise und in unserem eigenen Tempo bereisen.

Wenn wir an das Rad herantreten, beten wir: »Großer Geist, ich komme, um deine Hilfe zu erbitten. Ich bin ein armer Mensch und bedarf deiner Führung, um meine Richtung im Leben zu finden.« In dieser Weise kommen die

Menschen und suchen ihre Kraft. Du kannst es genauso machen. Finde deinen Platz auf dem Medizinrad, ganz gleich, ob es nun der ist, auf dem du begonnen hast. Sammle dich und erhebe deine Hände. Während du dich im Geiste von den Dingen des täglichen Leben löst, wirst du frei. Es gibt nichts anderes auf der Welt. Keinen anderen Ort als den, an dem du dich gerade befindest. Und nun öffnest du dich. Deine geistigen Energien branden hoch und führen dich mit dem Wind zu den entferntesten Orten. Du bist frei, dich auf die Suche zu begeben. Du kannst deine Kräfte fühlen und sie mit den natürlichen Kräften verschmelzen. Das ganze Leben wird zu einem Lied, und du bist ein Teil von diesem Lied des Lebens. Du wirst eins mit einem Habicht, Adler, Bären, Felsen. Und nun bist du ein Habicht, der von einem Menschen träumt. Wohin auch immer dein Geist dich führt, du wirst ihm folgen. Du hast die Freiheit, die äußersten oder innersten Teile des Universums zu erforschen.

Um wachsen zu können, mußt du dich öffnen und dich dem Universum hingeben. Indem du das Universum erfährst, zeigst du dich bereit, zu geben und erlangst Wachstum. Kein Lehrer wird einem selbstsüchtigen Menschen etwas vermitteln können. Wenn du starr in einer Position verharrst, wirst du niemals darüber hinauswachsen können. Um Wissen zu erhalten, mußt du zunächst geben, denn der Vorgang des Gebens ist es, der dich öffnet. Als Lebewesen atmest du Luft ein und stößt sie wieder aus. Die Pflanzen wiederum benützen die Luft, die du ausstößt, um zu atmen und sie wieder aufzubereiten. In ähnlicher Weise ist die Liebe ein Prozeß des Gebens und Erhaltens. Man kann nicht auf sich selbst bezogen leben. Akzeptiere dies, und du wirst damit eines der bedeutendsten Gesetze des Universums annehmen können. Traditionelle Eingeborene hielten sich an dieses Gesetz und bewahrten ihr Gleichgewicht mit allen Dingen und Geschöpfen um sie herum. Aus diesem Grund war es ihnen möglich, Tausende von Jahren auf dieser Erde zu leben, und als die frühen Einwanderer kamen, immer noch von einer großen unverdorbenen Wildnis zu sprechen. Die Lehre des Medizinrades ist Gleichgewicht und Harmonie. Sobald du dich bereit zeigst, zu geben und zu nehmen, wirst du deine Reise um das Medizinrad beginnen können.

In früheren Zeiten hatten unsere Eingeborenen einen starken Kontakt mit den natürlichen Kräften. Wenn wir um Regen baten, so fiel Regen. Wenn wir hungrig waren, so hielten wir einen Büffeltanz ab und sangen zu den Büffeln, und sie hörten unsere Lieder und kamen. Es ist möglich, diese Beziehungen wiederherzustellen, wenn die Menschen einhalten, ihren Stolz beseite legen und lernen, mit dem Rest der Schöpfung in Harmonie zu leben. Sie müssen danach streben, mit der Natur zu verschmelzen, anstatt diese zu besiegen. Wenn sich ein Mensch wahrhaftig auf die Suche begibt, wird das Universum sich ihm oder ihr öffnen. Wenn du zum Medizinrad kommst und deinen Platz auf richtige Weise einnimmst, werden alle Dinge zu dir kommen.

Wie man ein Medizinrad baut

Das Medizinrad hat – in allen seinen Formen – die Kraft und die Fähigkeit, dich mit der Unendlichkeit zu verbinden. Nachdem du von dieser Vision gelesen hast, wirst du vielleicht das Gefühl haben, daß es wichtig sei, für dich selbst ein Medizinrad zu bauen. In unserer Vision vom Rad sehen wir viele solcher neuerbauten Räder im ganzen Land verstreut, und wir sehen Menschen, die lernen, diese so zu benutzen, daß sie sowohl ihnen wie auch der Mutter Erde in ihrer Heilung und Entwicklung helfen.

Bevor wir euch sagen, wie man ein Medizinrad baut, möchten wir euch gerne einige grundlegende Informationen über etliche der Zeremonien geben, die mit einer solchen Konstruktion verbunden werden können. Es handelt sich hierbei um die Zeremonien, die wir selbst in Zusammenhang mit unserem eigenen Leben und Medizinrad benutzten und die sich auf die traditionellen Bräuche der Eingeborenenstämme sowie auch auf unsere eigenen Visionen stützen. Sie können für euch in der Zeit, in der ihr euch mit eurem Medizinrad vertraut macht, als Anleitung dienen. Ihr solltet jedoch, wenn die Zeit dafür richtig ist, eure eigenen Visionen und Intuitionen zu Rate ziehen, um die Zeremonien zu entwickeln, die für euch und für euer Medizinrad richtig sind. Wir alle haben unsere eigenen Gebete und Lieder, die uns zum Zeitpunkt unserer Geburt gegeben wurden, und sie sind die Gebete, die wir beten, und die Lieder, die wir singen sollten. Wir können unsere Gebete zwar mit dir teilen, aber dein wirkliches Gebet muß aus deinem eigenen Herzen kommen.

Bevor wir mit einer unserer Zeremonien beginnen, werden die Anwesenden gereinigt, indem sie mit Heiligem Rauch umhüllt werden, um negative Kräfte abzuweisen und positive Kräfte anzuziehen. Wir benutzen eine große Muschel als Behälter für den Salbei und das Süßgras, das verbrannt wird. Du wirst vielleicht auch eine Ton- oder Steinschale benutzen wollen. Wenn du keinen Salbei oder kein Süßgras beschaffen kannst, so erfüllt auch Tabak seinen Zweck. Benütze jedoch einen guten Tabak mit so wenig Zusätzen wie möglich. Nun bringst du das Kraut entweder mit glühender Kohle oder einem Zündholz zum Brennen und bläst die Flamme sofort wieder aus, damit es nicht brennt, sondern schwelt. Um es am Schwelen zu erhalten, kannst du es mit der Hand, mit einer Feder oder einem Fächer entfachen.

Derjenige, der die Anwesenden einräuchert, führt zuerst den Rauch zu seinem Herzen und dann hoch über seinen Kopf. Dies wird seinen Kräften helfen, in einer guten Richtung zu fließen und alle negativen Gedanken oder Gefühle von sich zu weisen. Anschließend bietet er die Schale den vier Himmelsrichtungen an und dann Vater Sonne und Mutter Erde. Daraufhin reicht er die Schale an alle, die an der Zeremonie teilnehmen, weiter. Diese sollten im Kreis stehen, und die Schale sollte in Richtung des Sonnenlaufes – mit dem Norden beginnend – weitergereicht werden.

Nach der Einräucherung der Anwesenden reinigen wir auf gleiche Weise auch unsere Pfeife und den Tabak und führen eine Pfeifenzeremonie durch. Für die indianischen Stämme stellt die Pfeife das Universum dar, in dem alle Reiche vereinigt sind. Der aus Stein gefertigte Pfeifenkopf verkörpert das Reich der Mineralien. Der Hals ist aus Holz und verkörpert das Pflanzenreich. Diese Pfeife ist mit Fellstückchen und

Federn verziert, die das Tierreich verkörpern, und wird von einer Person benützt, die das menschliche Reich verkörpert. Wenn wir den Tabak in den Pfeifenkopf stopfen, bieten wir jedem dieser Reiche eine Prise dar: den vier Elementen, den geistigen Reichen, der Erdmutter, Vater Sonne, Großmutter Mond und dem Großen Geist. Nach dem Entzünden der Pfeife bieten wir jeder Himmelsrichtung, ebenso wie der Erde und dem Großen Geist einen Zug an. Mit dem Rauch, einer ätherischen Substanz, die in der Lage ist, zwischen die Reiche der körperlichen und geistigen Welt einzudringen, steigen unsere Gebete auf. Diese Gebete gelten nicht nur für die Menschen, sondern für all jene, derer wir uns bei der Vorbereitung für das Pfeifenzeremoniell erinnert haben. Sie sind Gebete für Einheit, Heilung und für den rechten Weg.

Nach der Pfeifenzeremonie gilt unsere Aufmerksamkeit den Umständen, die uns veranlaßt haben, zu einer Zeremonie zusammenzukommen. Manchmal treffen wir uns am Medizinrad zu einem Heilungs-Ritual für Menschen, die unsere Hilfe erbeten haben. Manchmal treffen wir uns, um die Hochzeit zweier Menschen zu feiern oder ein kleines Kind willkommen zu heißen, das seine Reise auf der Erde antritt. Wir treffen uns, um Menschen auf ihre Suche nach einer Vision hinauszuschicken und um neue Mitglieder in unserer Medizingemeinschaft zu begrüßen. Wir treffen uns, um den Wechsel der Jahreszeiten zu feiern. Unser Medizinrad ist zum Zentrum für das zeremonielle Leben unserer Gemeinschaft geworden.

Bei unseren Zeremonien bitten wir unsere menstruierenden Schwestern, sich vom Medizinrad fernzuhalten, da die starke Kraft, die während dieser Zeit von ihnen ausgeht, die anderen Kräfte beeinflussen könnte, die wir in unseren Zeremonien benützen. Dies geschieht mit der vollen Zustimmung unserer Schwestern, da sie selbst die Stärke ihrer eigenen weiblichen Kräfte erkannt haben und wissen, daß es eines jahrelangen Lernprozesses bedarf, bis man sie lenken und gezielt einsetzen kann.

Eine gemeinsame Fast, die 24 Stunden bis vier Tage anhalten kann, geht allen Zeremonien voraus. Im Anschluß an einige Zeremonien folgt ein zeremonielles Mahl, mit dem wir all jener Gaben gedenken, die wir von unseren Verwandten so großzügig erhalten. Nach Beendigung aller Zeremonien gibt es stets eine reichhaltige Mahlzeit.

Zu bestimmten Zeiten im Jahr veranstalten wir Feste des Schenkens. Dabei wird jedem Anwesenden ein Geschenk überreicht, damit sie das Glück, das wir empfangen, mit uns teilen können und ein Andenken an den Augenblick der geteilten Freude erhalten. Die Geschenke müssen nicht aufwendig sein, aber sie sollten aus dem Herzen kommen. In alten Zeiten folgte ein solches Fest des Schenkens auf eine Hochzeit, eine Geburt, einen Todesfall, Mannbarkeitsriten und Zeiten des Glücks – oder Unglücks.

Um welche Zeremonie unseres Medizinrades es sich auch handeln mag, wir bitten alle Anwesenden, alles, was in ihrem Herzen ist, mit uns zu teilen. Um dies zu erreichen, geben wir manchmal einen Redestab in Richtung des Sonnenlaufes im Kreis herum. Wir benutzen dazu einen mit Perlen besetzten Stab, aber auch der Ast eines Baumes würde genügen. Während der Stab herumgereicht wird, kann man seine Gefühle offen zum Ausdruck bringen oder ihn auch wortlos weitergeben. Andere Male reichen wir einen Beutel, der mit Maismehl oder Tabak gefüllt ist, herum und bitten jeden, eine Prise davon zu nehmen und Mutter Erde anzubieten. Während sie diese bescheidene Gabe darreichen, können sie ein stilles oder lautes Gebet sprechen. Während mancher Zeremonien reichen wir eine Schale Wasser herum und bitten die Anwesenden, mit uns zu trinken und des Wassers zu gedenken, das uns so großzügig gegeben wurde.

Um ein Medizinrad zu bauen, braucht man 35 Steine sowie einen speziellen Stein, Horn oder Geweih für das

Zentrum. Man kann aber auch eine geweihte Feuerstelle als Zentrum des Rades wählen. Ihr könnt euer Rad alleine oder zusammen mit anderen bauen, was bereits ein guter Anfang sein könnte, spezielle Energien mit den Menschen zu teilen, die man kennt.

Ihr solltet den Platz für euer Medizinrad sorgsam aussuchen. Es sollte eine Stelle sein, die dir Kraft und Stärke vermittelt und die dich allen deinen Verwandten gegenüber offen sein läßt. Ein relativ flacher Platz von vier bis acht Fuß im Durchmesser ist dazu notwendig. Wenn euer Rad einmal gebaut ist, werdet ihr den Wunsch verspüren, daß es von anderen respektiert und nicht achtlos durchquert wird. Aus diesem Grund solltet ihr ein Gelände aussuchen, das selten betreten wird. Wenn sich ein solcher Platz jedoch nicht finden läßt, solltet ihr einen solchen wählen, der euch ein gutes Gefühl vermittelt, und diesen vor jeder Benutzung einräuchern.

Wählt Steine aus, die euch als geeignet dazu erscheinen. Es ist gut, jene Menschen, die sich am Bau des Rades beteiligen, mitzunehmen, wenn man die Steine auswählt. Vergeßt nicht eine Gabe Maismehl oder Tabak für die Steine zurückzulassen, die man nimmt. Legt die Steine nun etwas abseits von der Stelle, an der das Rad entstehen soll.

Es ist ratsam, das Rad während der frühen Morgenstunden anzulegen. Die ersten Sonnenstrahlen spenden eine besondere Kraft. Ihr könnt mit dem Einräuchern beginnen und anschließend eine Pfeifenzeremonie abhalten, wenn jemand bereit ist, sie durchzuführen. Laßt die Anwesenden ihre Gefühle ausdrücken, um anschließend einige Minuten des Schweigens folgen zu lassen, um euch zu sammeln. Derjenige, der den Bau leitet, sollte ankündigen, was mit dem Zentrum, dem Auge des Schöpfers, dem Kräftezentrum anzufangen ist. Dann sollte er oder sie entweder das Feuerloch graben oder den Stein oder die Hörner an ihre Stelle legen.

Der Erbauer des Rades sollte dann diejenigen, die eine besondere Verbindung zu den einzelnen Elementeklans verspüren – zu Vater Sonne, Großmutter Mond und Mutter Erde –, bitten, einen Stein zu wählen und ihn in einem Kreis von ein bis zwei Fuß Durchmesser um das Zentrum niederzulegen. Als nächstes sollten jene, die eine gute Verbindung zu einem der vier Hüter des Geistes verspüren, einen Stein auswählen und in die richtige Position bringen, an den Stellen, die die vier Himmelsrichtungen an der Außenseite des Kreisdurchmessers anzeigen.

Wenn jemand anwesend ist, der sein Leben an einem der zwölf Monde des Medizinrades begonnen hat, so sollte er oder sie einen Stein nehmen und ihn an der richtigen Stelle plazieren. Wenn dies nicht der Fall ist, sollten jene, die eine gute Verbindung mit dem Mond und seinen Totems verspüren, dies tun. Schließlich sind noch die Pfade zwischen den vier Himmelsrichtungen des Universums anzulegen. Es sind dies Speichen, die von dem inneren Kreis von sieben Steinen zu dem Stein ausstrahlen, der jeweils den Hüter des Geistes repräsentiert. Während ihr diese anlegt, solltet ihr daran denken, daß es die Pfade sind, auf denen die Hüter des Geistes einherschreiten, wenn sie ihrer Arbeit – die darin besteht, zu heilen und zu Wachstum zu verhelfen – nachgehen.

Wenn ihr mit dem Bau des Rades fertig seid, gebt den Anwesenden die Gelegenheit, offen – sei es nun mit Worten, einem Gedicht oder Musik – ihr Herz auszuschütten.

Wenn ihr euch dafür entschieden habt, eine Feuerstelle im Zentrum des Rades zu plazieren, so denkt daran, es nur für heilige, zeremonielle Feuer zu gebrauchen. Diese werden gewöhnlich vor dem Sonnenaufgang von jemandem angefacht, der dazu auserwählt wurde, der Hüter des Feuers zu sein. Entfacht es auf möglichst natürliche Weise – indem ihr Piniennadeln und -zapfen oder Gras mit einem Feuerstein oder Zündhölzern, jedoch keinem Feuerzeug oder einer

Brennflüssigkeit anzündet. Laßt niemals zu, daß jemand etwas ins Feuer wirft. Benützt Holz, das mit Dankbarkeit gesammelt wurde. Wenn der Rauch in alle vier Richtungen aufsteigt, wißt ihr, daß das Feuer richtig vorbereitet wurde. Gebt besonders auf den Zustand der umgebenden Erde acht, damit keines eurer Mitgeschöpfe durch euer Feuer in Gefahr gebracht wird. Sobald die Zeremonie beendet ist, sollte der Hüter des Feuers jegliches Holz, das noch im Feuer verblieben ist, herausnehmen und die Kohle mit Wasser oder Erde löschen.

Sobald euer Rad einmal errichtet worden ist, solltet ihr es häufig benutzen. Es ist ein guter Platz, seine Energien aufzufrischen oder Kraft zu sammeln. Stellt euch in den verschiedenen Positionen auf dem Rad auf und beobachtet, wie eine jede den Pegel eurer Energie beeinflußt. Lernt von den Kräften der Himmelsrichtungen, von den Kräften der Elemente, von den Lektionen des Mondes. Jede Position kann euch neues Wachstum, neues Verständnis geben. Wenn euch bei einer Richtung, einem Element oder einem Mond ein gutes Gefühl überkommt, wendet euch auch dann an euer Medizinrad und gebt eurem Dank für das Gute, das ihr gelernt oder entdeckt habt, Ausdruck.

Danksagungen

Wir möchten an dieser Stelle all jenen danken, die uns in den vergangenen Jahren auf unserem Pfad begleitet und ihre aufrichtigen Gedanken und Gefühle mit uns geteilt haben. Wir hatten auf diese Weise Gelegenheit, mit so vielen Menschen in Kontakt zu treten, daß wir in der Lage sind, über sie zu schreiben. Wir werden jährlich von mindestens 200 Menschen besucht, und es ist geradezu unmöglich, sie hier alle mit Namen zu erwähnen, aber sie selbst wissen am besten, daß unser Dank ihnen gilt. Manche von ihnen haben uns während der eigentlichen Niederschrift dieses Buches hilfreich zur Seite gestanden, und sie sind es, die unseren besonderen Dank für ihre Liebe, Geduld und Unterstützung verdienen. Es sind Nimimosha, Waboose, Yarroe, Sparrow Hawk, Thunderbird Woman, Gloria Acosta, Lynne van Mansen und Misha. Andere, die der Entstehung dieses Buches mit ihrer Liebe, Unterstützung und besonderen Hilfeleistungen gedient haben, sind Robin Klein, der das endgültige Manuskript korrigiert und getippt hat, Tom Huber, der mit Hilfe seines umfangreichen Wissens auf dem Gebiet der Metaphysik sowohl das Erstmanuskript wie auch die endgültige Buchvorlage korrigiert und kommentiert hat, und Romana Owen, die uns durch Lese- und Nachschlagearbeiten eine Menge Zeit und Mühe erspart hat. Unser Dank auch an Bernhard und Robert James.

Wir möchten auch an dieser Stelle unserer Verwandten in den Reichen der Mineralien, Pflanzen und Tiere gedenken, die dieses Land und ihre Kräfte mit uns teilen. In diesem Sinne gebührt unser besonderer Dank unseren Hunden Shasta und Tsacha, die uns stets Mut und Kraft zukommen ließen. Wir möchten unserem Redakteur und Freund Oscar Collier danken, der uns half, das zu erkennen, was dieses Buch für die Menschen, die es lesen, in sich bergen kann.

Für Zuschriften und Gespräche über die Geschichte und den Gebrauch des Medizinrades bei den verschiedenen indianischen Stämmen danken wir Lee Piper, Richard Rainbow, Adolf Hungry Wolf, John White, Brad Steiger, Twylah Witsch, Ruth Hill, Medicine Story, Joan Halifax, Tom und Alice Kehoe, John Eddy, John Carlson, Nakwisi, Pierre, Dorothy Blorn und R. G. Forbis. Für Informationen über den indianischen Gebrauch der verschiedenen Heilpflanzen danken wir Norma Myers, Direktorin der Green Shores Herbal School in Britisch-Kolumbien.

Und wie immer geht auch unser Dank an den Großen Geist, der uns erlaubt, Werkzeuge seines Willens zu sein, sowie an Mutter Erde, die uns alle nährt.

14001

14002

14004

14005

14006

14007